밥벌이의 미래

밥벌이의 미래

4차 산업혁명이 바꿀 삶과 산업의 풍경

1판 1쇄 발행 2018년 9월 17일
1판 2쇄 발행 2019년 4월 24일

지은이 이진오

펴낸이 이민선
편집 홍성광·이해진
디자인 박은정·최선미
표지 일러스트 셔터스톡
본문 일러스트 박태연
본문 사진 셔터스톡·지멘스
제작 호호히히주니 아빠
인쇄 삼조인쇄

펴낸곳 틈새책방
등록 2016년 9월 29일(제25100-2016-000085)
주소 08355 서울특별시 구로구 개봉로1길 170, 101-1305
전화 02-6397-9452
팩스 02-6000-9452
홈페이지 www.teumsaebooks.com
페이스북 www.facebook.com/teumsaebook
블로그 www.naver.com/teumsaebooks
전자우편 teumsaebooks@gmail.com

© 이진오 2018

ISBN 979-11-88949-09-0 03320

이 도서의 국립중앙도서관 출판예정도서목록(CIP)은 서지정보유통지원시스템 홈
페이지(http://seoji.nl.go.kr)와 국가자료공동목록시스템(http://www.nl.go.kr/
kolisnet)에서 이용하실 수 있습니다.(CIP제어번호: CIP2018028226)

4 차 산업혁명이 바꿀
삶과 산업의 풍경

밥벌이의 미래

이진오 지음

틈새책방

차례

기술의 진보를
꼼꼼하게 따져야 하는 이유

"걔는 아들 녀석 종이야, 종."

친구가 얘기하는 데 처음엔 무슨 소린가 했다. 아들한테 아마존이 출시한 인공지능 스피커 알렉사Alexa를 사줬더니 '종'처럼 다룬다며 한 얘기였다. '개인 비서' 같은 좋은 말을 두고 종이 뭐니. 그런데 그 집 아들의 활기찬 모습을 듣다 보니 종이라는 표현이 상황을 집약적으로 묘사한 것일지도 모른다는 생각이 들었다.

아들 녀석이 온갖 것을 말로 다 시킨다는 것이다. 아침에 일어나 오늘 날씨를 물어보는 일은 시작에 불과하다. 음악을 틀어 달라고 하고, 알람도 맞춰 달라고 한다. 알람도 길게 울리면 멈추라고 지시한단다. 모든 것은 전부 음성 명령어로 이뤄진다. 백미는 알렉사가 조금 멀리 있을 때 벌어진다. 집이 쩌렁쩌렁 울리게 소리부터 지른단다. 언제나 짜증내지 않고 시키는 일을 하고 있는 알렉사를 보고 있으면 종이라는 생각이 든단다.

기술은 이렇게 성큼 다가왔다. 기계가 사람 음성을 알아듣는 다거나, 스스로 검색하여 솔루션을 제공한다거나 하는 기능 설명은 어떻게 보면 일면이다. 여러 가지 기능과 작업의 완성도 따위를 종합적으로 평가해야 한다. 친구는 적절한 단어 선택을 통해 최고의 찬사를 보낸 것이다. 이제 기계는 인간의 직업 하나와 동일하게 인식되기 시작했다. 한 사람의 직업인이 할 일을 어느 정도 해내고 있는 것이다.

한 세대는커녕 고작 10년 전만 해도 쉽게 상상하지 못하던 일이다. 이런 변화 속도라면 무슨 일이라도 가능할 것 같다. 어린아이의 요구를 들어주는 수준에서 어느 순간 세금 계산이나 관리비 납부 등을 대신 해주는 수준으로 확 바뀔 수도 있다. 앞으로 얼마나 새로운 기능이 추가될지 예측할 수 있을까? 우리의 삶이 과연 변할까? 변한다면 어떻게 변할까?

이런 것들이 궁금한 사람들을 위해 이 책을 썼다. 4차 산업을 이끌어 갈 새로운 기술들이 개발되어 호기심을 불러일으키는 요즘이다. 이 책에서는 그것들의 원리는 무엇이며, 얼마만큼 발전했는지 정리해 보고, 이를 바탕으로 합리적으로 그리 머지않은 미래에 어떤 일이 벌어질지 추론해 보았다. 이것은 지금을 살아가는 데에 충분히 도움이 되는 일이다. 때로는 궁극의 목표를 얘기하며 다소 먼 미래를 얘기할 때도 있다. 변화의 방향성을 얘기하며 시간이 많이 지난 뒤를 언급할 때도 있다. 하지만 좋은 일만 가득한 공상 과학 같은 막연한 상상은 최대한 지양했다.

제품 광고와 스펙을 아무리 들여다봐도 실제 제품을 써 봐야만 알게 되는 부분이 있다. 신기술도 마찬가지다. 아무리 많은 고민을 해도 실제 제품에 적용되어 사회에 나왔을 때 그 영향력을 실감하게 된다. 의도치 않았거나 생각지도 못한 부분이 크든 작든 반드시 있기 마련이다. 미리 고민하여 좋은 일은 극대화하고 나쁜 일은 최소가 되도록 노력하는 이유도 여기에 있다. 이 책이 이와 같은 노력에 도움이 됐으면 좋겠다. 이런 고민은 우리의 일상과 절대 동떨어진 것이 아니다. 기술의 긍정적 효과와 부정적 효과를 비교해 보는 것은 언제나 의미 있는 일이다.

친구와 얘기하면서 알렉사를 하나 구입하고 싶어졌다. 4차 산업을 이끌어 갈 음성 인식 기술과 사물인터넷 기술의 절묘한 만남 아닌가. 다가올 미래에 뒤떨어지지 않게 해줄 좋은 도구 같다는 생각이 들었다. 이제 곧 사춘기에 접어들 아들에게 음악을 스스로 골라 들려 줄 수 있다고도 하니 일석이조다.

이렇게 생각할 때 즈음 친구가 왜 알렉사를 종이라고 부르는지 이유를 한두 개 더 말하기 시작했다. 숙제하다 모르는 것을 물어보며 덧셈 뺄셈까지 시킨단다. 어? 잠깐. 아무래도 기술의 장단점을 조금 더 따져 봐야 할 것 같다.

이 진 오

I.

불쑥 찾아온
4차 산업혁명

01

신기술이 당신을
'어린 왕자'로 만든다

"저는 로봇 강아지가 나와도 절대 안 살 것 같아요."

아직 신기술이 나오기 전이니 이렇게 생각하는 사람이 적지 않다. 진열대에 있는 강아지 로봇이 진짜 강아지처럼 다양한 동작으로 움직이는 것만 상상하면 핵심을 놓치고 만다. 진짜 인공지능 로봇은 학습한다. 무엇을? 바로 주인을!

인공지능 애완동물을 개발하는 모든 이들의 제1목표는 당연하다. 주인과의 긴밀한 커뮤니케이션. 로봇 강아지는 학습을 통해 주인이 좋아하는 행동을 강화하고 싫어하는 행동을 안 하거나 혹은 '몰래' 한다. 주인이 언제 어떻게 행동하길 원하는지 시간이 지날수록 정확히 읽어서 집에 들어오는 표정만 봐도 숨어야 할지 재롱을 떨어야 할지 구별한다.

당연히 로봇 강아지는 주인을 구별한다. 같은 쇼핑몰에서 구입했어도 다른 주인에게 다른 방식으로 학습한 강아지와는 다르게 행동한다. 나만의 것이라는 유대감이 형성될 기반은 다 갖춰졌다. 학습은 서로를 특별하고도 유일한 존재로 만든다. 친구들과 로봇 강아지 얘기를 하면서 자신이 강아지를 어떻게 학습시켰는지 자랑하는 것도 가능하다. 심지어 낯선 사람을 좋아할지 경계할지 역시 주인의 학습 방법에 달려 있다. 서로를 아껴야만 할 이유는 점점 늘어간다.

보수적인 소비자를 파괴하는 신기술

신기술을 이용한 제품이 성공적으로 인간을 감동시킬 경우 사람은 격렬하게 반응한다. 때론 그 파급 속도가 너무 빨라서 모두가 놀랄 정도다. 삐삐라 불리던 개인 호출기가 핸드폰으로 바뀌는 데에 걸린 시간이 채 10년이 되지 않았다. 개인 통신기가 왜 필요하냐며 비싼 돈을 지불할 이유를 못 찾던 수많은 어르신들도 이제 스마트폰에서 손을 못 떼신다.

신기술을 앞세운 새로운 경험은 기존에는 상상하지 못한 소비 형태를 창출한다. 아이폰이 처음 나왔을 때 그랬다. 화면을 손가락으로 터치해서 부드럽게 넘기며 여러 손가락으로 터치해서 확대하고 축소하는 기능은 버튼으로 화면을 조작하던 방식을 송두리째 바꿔 놓았다. 사람들은 폭발적인 구매로 신기술에 화답했다. 한번 스마트폰을 사용한 사람이 다시 예전의 폴더폰으로 돌아가는 경우 역시 거의 없다.

새로운 소비 형태는 곧 새로운 가치를 의미한다. 사람들은 기존에는 느껴보지 못한 감정을 느끼며 지갑을 연다. 예전에는 가치 자체를 인정받지 못하던 디지털 재화들에 돈을 쓰는 게 당연해졌다. 한때 유행했던 사이트에선 서버 속 자신을 가꾸기 위해 돈을 주고 이모티콘을 구입하거나 벽지를 발라 인테리어를 했다. 예전엔 상상도 못할 일이다. 고작 10여 년 전 한 친구는 사람들이 왜 도토리를 사서 가상의 세계를 꾸미는지 이해할 수 없다며, 그 돈이면 목도리나 장갑을 사는 게 합리적인 게 아니냐고 열변을 토했다. 지금 그 친구는 그 '비합리적인 소비'에 의지하는 작은 게임 회사의 사장이 됐다.

집에 가면 여우가 기다린다

로봇 강아지, 혹은 인공지능 애완동물들도 마찬가지다. 그들이 우리 세계에 녹아드는 순간, 얼마나 많은 사람들이 지갑을 열지는 모를 일이다. 중요한 것은 이 신기술이 완전히 '새로운 경험'으로 소비자에게 다가가야 한다는 점이다. 배변 훈련을 안 해도 되는 강아지나 혼자 뒤도 우울증에 안 걸리는, 살아 있는 강아지의 단점이 없는 강아지의 업그레이드판을 말하는 게 아니다. 기존의 강아지와는 다른, 완전히 새로운 경험을 제공해야 한다는 말이다. 사실 기술은 이미 여러 방면으로 준비되고 있다.

예를 들어 로봇 강아지에 대화가 가능한 인공지능을 얹는다고 상상해 보자. 집에 돌아오면 강아지가 웃으면서 말을 건다. 주인의 성격에 따라 집집마다 다른 성격의 인공지능 애완동물이 존재한다. 어떤 집 강아지는 경어를 사용하고 어떤 집 강아지는 반말로 까분다. 강아지는 학습을 통해 주인이 원하는 바로 그 어투로 말을 건다.

먼 훗날 얘기가 아니다. 실제 일본의 소프트뱅크에서는 2015년 감정 인식 기술을 갖춘 로봇 페퍼Pepper를 200만 원 정도에 내놓았다. 이 로봇은 간단한 대화가 가능한 정도지만, 앞으로 대화 수준은 점점 더 높아질 것이다. 수많은 페퍼들이 수집한 데이터를 이용해 점점 더 인공지능이 발달할 것이기 때문이다.

2018년 일본 소니가 내놓은 인공지능 강아지 아이보Aibo

소프트뱅크의 인공지능 로봇 페퍼

그와 동시에 페퍼는 자기 주인만 가진 감정을 학습하여 주인이 원하는 행동을 강화한다.

일단 강아지가 말을 이해하기 시작하면 주인은 음악을 틀어달라고 할 수도 있다. 로봇 강아지는 공손하게 "네, 알겠습니다"라고 대답하고는 음악을 틀어줄 때도 있고, 또 이거냐며 지겹다고 툴툴대기도 할 것이다. 이제 아무도 없는 집에 퇴근해서 혼자 있다 해도 목소리를 낼 이유가 있다. 혼잣말이 아니다. 인공지능이 듣는다.

이미 목소리를 인식해서 음악을 틀어주는 기능을 갖춘 인공지능 스피커가 날개 돋친 듯 팔려 나갔다. 2016년 미국에서 이미 500만 대가 넘게 판매됐고, 향후 더욱 판매량이 늘어갈 예상이란다. 아직 음성 인식 수준이 만족스럽지 않다는 의견도 많지만 한국에서도 적지 않게 팔렸다. 일례로 SKT가 출시한 음성 인식 스피커는 출시한 지 1년이 되기 전에 10만 대 이상 판매됐다. 아직 지갑을 활짝 연 것은 아니지만 신기술이 사람들 마음을 파고들 여지는 충분히 보여준 셈이다.

따라서 여러 가지 인공지능 기술이 합쳐진 인공지능 애완동물이 등장한다면 그 파급효과가 얼마나 클지 섣불리 예단할 수 없다. 지금 개발된 인공지능과의 대화는 기존에 있었던 컴퓨터 속 대화와는 질적으로 다르다. 인공지능은 학습을 통해 진짜 대화하는 기분을 느끼게 한다. 꼭 인류의 번영과 세계 평화, 사랑과 고독과 같은 주제의 심도 깊은 대화가 가능할 필요는 없다. 대화 기술이 그렇게까지 발전하지 않아도 고유한 감정을 불러일으킬 수 있다. 우리는 어린이들과의 대화만으로도 충분히 마음의 위안을 느낄 수 있다.

어느 날 친구 집에 같이 들어갔더니 그 집 로봇 강아지가 친구 말투 그대로 친구에게 인사를 하는 모습을 본다. "잘 다녀왔는겨~" 그 모습을 보고 구매욕을 느끼지 않을 사람이 몇이나 될까?

어린 왕자는 여우에게서 인간관계를 배웠다. 서로를 길들이며 서로에게 특별해지는 것이 인간관계의 본질이자 목적이며 그로부터 행복을 느낀다는 것을 말이다. 보통 사람들도 대화가 가능한 여우가 있다면 어린 왕자와 똑같은 기분을 느낄 수 있을지도 모른다. 꿈같은 얘기만은 아닐 것이다.

왓슨에게 배우고 알렉사와 대화한다

2017년 현재 학습을 통해 간단한 조어 능력을 갖출 수 있는 인공지능 기술은 이미 충분히 실현 가능한 수준이다. 저렴한 가격의 보급형이 나올 날이 멀지 않다. 인공지능 기술이 거대한 한 방을 날릴 수 있는 수준에 거의 도달한 셈이다. 실제로 여기저기서 시그널이 포착된다.

구글의 음성 인식 기술은 놀라운 속도로 향상됐다. 2017년 5월 기준으로 오류율이 5% 이하다. 영어를 기준으로 스무 단어 중 한 단어만 잘못 인식하는 수준이 된 셈인데, 이 정도면 일상적인 두세 문장 정도는 아무런 문제없이 인공지능이 인지한다는 얘기다. 사용자가 정성을 다해 발음한다면 꽤나 오류 없이 길게 대화할 수 있을 정도다.

미국의 IBM이 만든 인공지능 컴퓨터 왓슨Watson은 대학교 조교로 활동하여 게시판에서 상당량의 질의에 응답했는데, 많은 학생들은 조교가 인공지능이란 사실을 몰랐다고 한다. 2016년 질 왓슨Jill Watson이라는 이름으로 미국 조지아공과대학교에서 인공지능 관련 온라인 교과 과정의 조교로 활동했는데, 그 후로도 계속 활동을 이어 나갔다. 관련 학과에 저런 이름의 조교가 있으면 한번 의심해 볼만도 한데 눈치채지 못한 사람이 많았다니 인공지능 조교가 무척 훌륭했다는 또 다른 증거로 봐도 될 것 같다.

앞서 언급한 소프트뱅크의 로봇 페퍼 역시 IBM의 왓슨을 기반으로 개발됐는데 처음 등장할 때부터 이미 인간과 자연스럽게 대화가 가능했다. 대화의 데이터가 쌓일수록 더욱 능력이 좋아진다고 하니 앞날이 기대된다. 특히 왓슨은 사람의 표정을 보고 기분을 인지할 수 있다. 소프트뱅크 회장 손정의 씨의 웃음을 보고 눈은 웃고 있지 않다며 대화를 나눈 일화는 유명하다.

음성 인식을 기반으로 한 제품을 얘기할 때 아마존의 에코 Echo를 빼놓을 수 없다. 2015년에 나온 이 제품은 거실에 놓는 스피커 형태인데 사용자의 말을 이해하고 요구에 응한다. 특히 요구를 듣고 주문을 해주는 기민함을 선보여 선풍적인 인기를 끌었다. 에코 안에 탑재된 인공지능 프로그램의 이름이 알렉사인데 TV에서 "알렉사, 인형의 집을 주문해 주세요"라는 말이 흘러나오자 여러 가정집의 수많은 TV 옆 알렉사들이 아마존에 동시다발적으로 주문을 했다는 유명한 얘기가 있다.

이 어처구니없는 사고에서 엿볼 수 있는 미래의 가능성을 놓쳐서는 안 된다. 모든 대화에 대해 이 정도의 기계적인 인식률을 가지고 기민하게 반응할 수 있다면, 알렉사는 음성 인식을 기반으로 한 개인 비서로도 손색없이 작동할 수 있다는 의미다.

음성 인식 스피커에게 사용자가 원하는 노래를 틀기 위해 몇 번이고 똑같은 말을 반복하는 지금을 떠올리며 얘기할 날이 정말로 머지않아 보인다.

02

이미 안전해진
자율주행

자율주행차 기술의 상용화가 코앞에 다가 왔다. 미국에서는 자율주행차가 도로를 다닐 수 있도록 2017년 9월 법안이 하원을 통과했다. 법안 통과에 맞춰 GM은 이미 양산 준비가 끝났다며 언론을 통해 대대적인 홍보를 했다. 이제 적지 않은 사람들이 2020년 완전 자율주행차의 상용화를 예상하고 있다.

지금까지 자율주행차 기술이 데뷔하지 못했던 이유는 상당 부분 안전 때문이었다. 기존의 인공지능은 도로 위의 다양한 상황을 인지하고 자동차를 제어하기에는 수준 미달이었다. 하지만 최근 인공지능이 비약적으로 발달하면서 상황이 바뀌었다. 기술자들은 가능성을 발견했고 꾸준한 연구를 통해 상당한 진전을 이뤘다.

자율주행차는 일정 수준 이상의 안전을 확보하는 순간 메가톤급 히트 상품이 될 것이다. 등장만 하면 순식간에 점유율이 높아질 것이 분명하다. 어떤 미래 보고서도 자율주행차 기술이 실패할 것이라거나, 보급이 더딜 것이라고 예상하지 않는다. 문제는 자율주행차가 가져올 변화다.

자율주행차 기술을 개발하는 기업들도 개발 성과를 선전하기 바쁘다. 몇 년간 몇 킬로미터를 무사고로 주행했는지 따위를 열심히 언론에 흘린다. 보통의 신제품 광고와는 자세부터 다르다. 생소한 신기술을 광고하느라, 자신들의 기술이 얼마나 훌륭한지 설명하고, 그것이 전해 줄 즐거움과 편리함을 열심히 이해시키려 하지 않는다는 말이다. 자율주행 기술의 이점은 홍보가 없어도 이미 누구나 알고 있다는 의미다.

인간vs인공지능, 누구 편을 들지?

다들 자율주행차가 도로 위의 승자가 될 것이라고 생각하는 이유는 자율주행차가 갖는 최강의 장점인 안전 때문이다. 여태 발목을 잡은 것도 안전이지만, 또 폭발적인 인기를 불러일으킬 것도 안전이라니 다소 재미있는 상황이다.

보통 운전자는 자신이 사고를 낼 것이라고는 상상하지 않는다. 사고의 원인은 항상 남에게 있다. 그래서 안전이 최고의 구매 이유일 것이라고 생각하지 못한다. 주로 편리와 편의 때문이라고 생각한다.

하지만 도로 위에는 안전이 최우선 목표인 수많은 차들이 있다. 제일 먼저 버스를 생각해 보자. 버스의 목적은 오로지 안전하게 승객을 태워서 목적지까지 데려다 주는 데 있다. 버스는 빨리 갈 필요도 없고 경치 구경을 할 필요도 없다. 그냥 출발지에서 목적지까지 싼 가격에, 안전하게 가면 된다. 자율주행차가 인간보다 기술적으로 안전해지는 그 순간, 버스가 자율주행차로 대체되지 않을 이유는 단 하나도 없다.

인공지능이 운전하는 자율주행차는 과속도 없고, 난폭 운전을 모르고, 피곤해 하지도 않으며 술도 마시지 않는다. 다른 운전자와 싸울 일도 만들지 않고, 승객들에게 불친절할 이유도 없다. 그동안 부족한 것은 오로지 운전 기술과 관련된 안전이었다. 이 부분이 충족되는 순간 인간 운전자보다 훨씬 안정적인 운전자가 된다.

자율주행차, 사업장에 제일 먼저 투입?

화물차와 같은 사업용 차량의 경우는 수요가 더욱 절실하다. 각종 산업 현장 상황에 따라 변동이 심한 일정에도 자율주행차는 피로도의 증가 없이 묵묵히 할 일을 다한다. 밤낮없이 운행이 가능하고, 각종 교통 법규를 잘 지키는 것은 물론이다.

2017년 11월 8일 라스베이거스에서 있었던 자율주행 버스의 교통사고는 많은 것을 집약해서 보여준다. 사고를 경험한 셔틀버스는 라스베이거스 도심지를 운행하는 무료 셔틀버스였는데, 페달이나 핸들과 같은 차를 통제할 수 있는 어떠한 장치도 없었다. 엔지니어가 승무원으로 탑승하고 있었지만, 완벽한 자율주행차였다. 그런데 운행 두 시간 만에 사고가 났다. 셔틀버스는 사람이 운전하는 화물차를 인지하고 멈췄는데 화물차가 멈추지 않아 가벼운 접촉 사고를 냈다.

이 사고는 자율주행 기술과 교통안전에 대한 사람들의 인식을 잘 보여준다. 첫째로 이 사고는 사람들의 관심이 자율주행차의 안전에 있다는 것을 다시 한 번 보여줬다. 자율주행을 기술적으로 테스트한 경우는 대단히 많았다. 그러나 사고가 나기 전에는 큰 이목을 끌지 못했다. 사고가 난 자율주행 버스를 개발한 프랑스의 나비야Navya는 같은 해 1월에도 시운전을 했

나비야의 자율주행 버스

지만 사고가 났을 때만큼 큰 관심을 받지 못했다. 사고 자체가 대단히 경미하고 과실 자체가 상대 화물차에게 있었다는 점을 상기하면 사람들의 관심이 얼마나 안전에 집중되어 있는지 느끼게 된다.

두 번째로 사람들이 자율주행차에게 얼마나 높은 수준의 기술적 완성도를 바라는지가 여실히 드러났다. 사고는 화물차의 과실에 의해서 유발됐다. 셔틀버스는 사전에 위험을 감지하고 정차했다. 기술은 제대로 작동했다. 따라서 논리적으로는 사람들이 불편해 하는 사실이 드러났다고 생각하는 것이 합당하다. 바로 도로에서 실제 사고를 유발하는 것은 자율주행차가 아니라 사람이라는 사실이다.

그러나 사람들은 역으로 자율주행차 운행이 시기상조가 아닌지 의문을 던진다. 사고가 난 셔틀버스에 탑승해 있던 한 승객의 말은 이와 같은 사람들의 인식을 잘 대변한다. 그는 "버스 안에 운전자가 있었다면 후진해서 사고를 피했을 것"이라고 말했다. 유연한 상황 대처 능력이 사람보다 떨어지기 때문에 기술이 완전하지 않다는 주장이다.

수많은 신기술 실험 중에 일어난 아주 작은 사고 중 하나지만 상징적으로 해석될 부분이 있어서 흥미롭다. 화물차와 버스는 자율주행 기술의 가장 큰 혜택을 받을 수 있는 차종이다. 그런데 이 둘이 자율주행 첫 날에 사고를 냈다. 게다가 과실은 명백히 사람에게 있었다. 마치 인공지능 기술이 발전하면서 일어날 많은 비슷한 사건의 전조를 보는 느낌이다. 인공지능의 응용 분야가 확대돼 갈 때 인공지능과 인간은 어떤 형태로 충돌할 것인가?

마지막으로 사고가 난 셔틀버스가 무료라는 점을 눈여겨보자. 이 셔틀이 무료일 수 있었던 이유는 미국자동차협회AAA가 지원했기 때문이다. 12명이 탈 수 있는 이 작은 버스 가격이 26만 유로, 그러니까 3억 원이 넘는데도 말이다. 동급의 미니버스가 대체로 1억 원 언저리라는 점을 생각하면 엄청나게 비싼 가격이다. 만약 이 비율대로 자율주행차의 가격이 책정된다면 보통 우리가 사는 자동차의 가격이 두 배 이상 뛴다는 것을 의미한다.

구매를 할 때 첫 번째 고려 사항은 항상 가격이다. 아무리 좋은 기능이라 한들 차량 가격이 두 배가 된다면 쉽게 지갑을 열 사람은 많지 않다. 만약 자율주행차가 시장에 나왔는데 생각보다 보급이 더딘 상황이 연출된다면 그 이유는 단 하나, 가격 때문이다.

자율주행차 도입 초기에는 공공 영역이나 사업장에서 더 적극적으로 나설 거라고 예상하는 이유 중에는 가격 문제가 차지하는 비중이 적지 않다. 자율주행차는 운전자의 인건비를 절약할 수 있다. 운전자 인건비 절약분이 몇 년만 쌓이면 손익분기점을 넘는 건 금방이다. 게다가 자율주행차는 밤낮 없이 일할 수 있다는 점도 간과할 수 없다.

내 자녀의 첫 차, 자율주행차

이와 반대로 개인의 구매 성향은 많이 다르다. 몇천만 원짜리 차를 사면서도 몇십만 원짜리 옵션까지 심사숙고하는 것이 정상적인 소비자다. 제품 개발비까지 가격에 반영해야 하는 초기 모델의 높은 가격에 쉽게 지갑을 열기는 어렵다.

가격이 대체로 얼마로 책정될지 궁금하지 않을 수 없다. 당연히 자율주행차의 가격이 보통 차보다 더 비쌀 것이다. 차량을 통제할 수 있는 대단히 안정적이고 훌륭한 컴퓨터가 차에 추가된다고 본다면, 규모의 경제를 달성했다고 해도 최소한 가정용 PC 정도의 가격이 추가될 것이다. 만만치 않은 가격이다.

그나마 이 정도면 긍정적인 예상이다. 예전에는 훨씬 더 비관적이었다. 자율주행 기능은 아예 개인용으로는 구매가 어려울 거라는 예상을 하는 사람들도 많았다. 2016년 미국의 전기차 업체 테슬라Tesla가 8,000달러, 우리 돈으로 약 900만 원에 자율주행 기능을 판매하겠다고 발표했을 때는 큰 이슈가 됐다. 예상보다는 싸다는 것이다.

포지션 선점이나 플랫폼 전략을 노린 제조업체 간 경쟁이 초기 가격을 많이 낮추는 요인이 되지 않을까 하는 기대도 있다. 하지만 대체적으로 차 한 대당 수백만 원대의 추가 비용을 예상하는 추세다. 확실히 적지 않은 금액이다. 하지만 이 정도면 결국에는 사람들의 지갑이 열릴 것이라고 본다. 이 수준의 추가 지출을 감당할 만한 상황을 큰 어려움 없이 상상할 수 있으니까 말이다.

머릿속에 상황을 그려보자. 운전면허를 딸 나이가 된 자녀가 친구들과 여행을 가겠다며 차를 구입하려 한다. 당신은 그 옛날 처음 운전대를 잡았을 때 식은땀을 흘린 기억을 떠올린다. 그러고는 자식이 운전을 하니 자율주행차가 훨씬 안전할 것이라는 데까지 생각이 미친다. 곧 자녀에게 자율주행차를 구입하라고 조언한다. 밤에 이동하기도 편하고, 운전대를 잡고 얼어서 친구들까지 얼려 버릴 일도 없고, 늦은 밤에 술을 마셔도 이동할 수 있다고 유혹한다. 결국 추가 지출은 부모의 몫이 되겠지만 여하튼 부모는 그만큼 안심할 수 있다. 문제는 안전이다.

마찬가지 논리가 연세 지긋한 분들에게도 성립한다. 날씨가 궂어도 외출은 하고 싶은데 운전하기가 점점 힘들어지는 나이. 여태 없던 선택권이 생겼다. 추가 지출에 대한 진지한 숙고가 이어질 것은 당연하다. 이번 경우도 문제는 안전이다.

대한민국의 평균 차량 교체 주기는 5년 정도다. 자율주행차가 나온다고 해서 한 주기인 5년 이내 자가용이 전부 자율주행차로 교체될 수는 없다. 하지만 자의든 타의든 첫 운전부터 자율주행차의 기능에 기댄 세대가 과연 스스로 운전대를 잡고 일상적 교통 노동에 뛰어들 이유가 있을까? 일단 자율주행차가 등장하면 대세가 되는 데에 길어봐야 한 세대 이상 걸리지 않을 것이라 보는 이유가 이것이다. 몇몇 성미 급한 전문가들은 2030년 정도에 보급이 확대될 것이라고 보는데 자동차의 교체 주기가 5년 이상이고 수명 자체는 10년에 이른다는 점, 한 대의 가격이 수천만 원이라는 점, 그리고 전 세계 자동차가 10억 대라는 점까지 고려하면 시장의 폭발적인 환영이라 부르기에 손색이 없다.

03

인공지능을 만난
헬스케어 시장

　　　　　　　　　　　의학 분야는 4차 산업혁명 얘기가 나오
면 늘 등장하는, 가장 큰 관심을 받는 분야 중 하나다. 건강이
야 동서고금의 최대 관심사니까. 사람들은 건강에 좋다면 약간
의 효과에도 큰 지출을 마다하지 않는다. 이 사실은 광대한 의
료 서비스 전 영역에서 진실이다. 사람들은 건강할 때 건강 관
리에도 적극적이고, 사경을 헤매는 순간 삶을 되찾기에도 필사
적이다.

　증거는 넘쳐난다. 효과가 명확히 증명되지 않은 비타민은 매
년 수천억 원씩 팔린다. 살아있는 유산균이라며 최근 급성장
한 건강 보조 식품인 프로바이오틱스 제품의 매출은 2016년

2,000억 원에 가까워졌는데 최근 5년 새 5배나 뛴 수치다. 죽음을 목전에 둔 불치병 환자들의 삶에 대한 갈망은 더욱 절실하다. 기존 치료법으로는 가망이 없다는 얘기를 들으면 실험적인 치료법에도 모험을 걸어보는 게 사람이다.

상황이 이러니 인공지능을 이용한 신제품이 사람들에게 얼마나 큰 파급 효과를 가져올지는 굳이 말하지 않아도 된다. 효과가 증명되는 순간 사람들은 강렬히 원할 것이다.

진료의 시공간 확장

인류가 개발한 의료 시스템은 정말이지 훌륭하고 방대하다. 밝혀진 질병만도 3만 개가 넘으니까 말이다. 이 말은 인공지능 의사가 등장한다 해도 쉽게 인간을 넘어서기가 어렵다는 이야기다. 하지만 역으로 생각하면 의료 시스템이 방대할수록 인공지능 의사가 데뷔할 수 있는 틈새를 쉽게 찾을 수 있다는 뜻도 된다. 의료 서비스 중에 분명히 인간이 수행하기에는 어렵거나, 인공지능이 비교 우위를 가질 수 있는 영역이 있다.

다시 말해 인간 의사보다 인공지능 의사가 뛰어날 필요가 없다는 뜻이다. 몇몇 질환이나 특수한 상황에 대해 인간보다 뛰어난 부분이 있다. 인공지능 의사가 활약하지 않을 이유가 없다. 실제로 인공지능 의사가 지닌 몇 가지 기술적 진보와 특징은 서로 시너지를 일으켜서 인간 의사의 약점을 효과적으로 보완할 수 있다. 이에 관해 핵심을 짚어볼 필요가 있다.

첫째, 인공지능 의사는 진짜 '판단'을 한다. 21세기가 막 열린 지금 기존엔 없던 높은 수준의 인공지능이 등장할 수 있다는 긍정적인 신호가 대단히 많다. 단순히 생체 신호 변화를 기록하고 그것과 관련된 몇몇 조건문에 반응하는 알림 수준을 뛰어넘는 진짜 지능 말이다. 물론 훌쩍 뛰어넘지는 못할 수도 있다. 판단의 수준이 나쁠 수도 있다. 처음에는 오류도 적지 않을 것이다. 하지만 살짝이라도 넘기만 하면 된다. 이는 인공지능 의사가 가진 다른 특징을 만나 거대한 폭발력을 지니게 된다.

둘째, 인공지능 의사는 지치지 않는다. 인공지능 의사는 환자 옆에서 24시간 환자를 살펴볼 수 있다. 약간의 신호도 놓치지 않는다. 회진을 한 바퀴 돌고 왔더니 환자의 상태가 급변했다는 따위의 핑계는 인공지능 의사에게는 없다.

이제 인공지능 의사가 대단히 훌륭하지 않아도 지금 현재 충분히 유용한 이유가 매우 명확해졌다. 인공지능 의사는 아주 약간만, 정말 조금만 의사다우면 된다. 여러 가지 생체 신호Biosignal들의 징후를 판단해서 '진짜 의사'를 모셔 올 지능만 있어도 된다. 모든 질병에 대해 어떤 상황에서도 항상 최선의 판단을 내리지 못해도 상관없다. 인간 의사에게도 불가능한 일이다. 인공지능 의사는 의사가 없는 것보다 좋은 상황을 만들어 주기만 하면 족하다.

이런 관점에서 보면 인공지능 의사가 인간 의사보다 뛰어나야만 현장에 투입될 수 있다는 생각은 지나치게 보수적인 시각이다. 몇몇 현장에선 의사는커녕 보호자 수준보다만 높아도 유의미할 수 있다. 잠시도 눈을 뗄 수 없는 환자의 경우, 인공지능은 보호자보다 훨씬 빠르게 인간 의사를 호출해서 몇 초를 벌어 줄 능력이 있다. 보호자들에게 잠깐의 여유와 휴식도 준다. 환자 보호는 물론 보호자들의 복지까지 챙겨줄 수 있다는 의미다. 이런 가능성을 지닌 제품이 환영받지 못할 이유는 없다. 오로지 가격만이 문제다.

물론 인공지능 의사가 가진 궁극의 지점은 진료 시간의 무한 확장에 있다. 언제 어디서든 환자가 원하는 시간에 바로바로 진료할 수 있는 시스템 말이다. 하지만 그 궁극의 기술이 완성될 때까지 변화가 없을 거라는 생각은 너무 순진하다. 변화는 필요한 곳에서부터 다양한 형태로 진행될 것이다.

셋째, 인공지능 의사에게 공간의 한계는 없다. 인공지능 의사에게 필요한 것은 안정적인 전원이 전부다. 병원의 입지 조건 따위는 중요치 않다. 아예 입지가 필요하지도 않은 버전이 등장할 것이다. 몇몇 한정된 질환 관리를 위한 특화된 휴대용 인공지능 의사도 가능하다. 언제나 환자 옆에 있는 의사라면 의료 서비스 공간이 무한으로 확장되는 셈이다.

모든 질환에 대해 최고의 판단을 내리는 휴대용 인공지능 의사가 등장할 날은 아직 요원할 수 있다. 하지만 앞서의 경우와 마찬가지로 약간 모자라도 상관없다. 배터리를 자주 충전해 줘야 한다거나 약간 무거워도 된다. 충분히 유의미하게 사용할 것이기 때문이다. 인공지능 의사와 함께라면 언제나 병원에서 의사가 예의주시하며 쳐다봐야 하는 환자도 병원 밖으로 나갈 수 있다.

인간 의사는 퇴원하는 환자에게 인공지능 의사와 함께하라고 명령할 수도 있다.(이런 상황이라면 인공지능 의사를 위한 입법도 있을 테니까.) 환자에게 이상이 생기면 바로 병원으로 오라는 지시를 할 필요도 없다. 환자 역시 첨단 기술의 혜택을 거부할 이유가 전혀 없다. 가끔 병원으로 헛걸음하게 만든다고 해도, 인공지능 의사를 양치기 소년으로 치부할 배짱 좋은 사람이 있을까?

요컨대 인공지능 의사가 갖는 궁극적인 강점은 의료 서비스 영역의 시간과 공간을 무한 확장한다는 점이다. 이 장점은 인간 의사가 갖지 못하던 것이다. 따라서 이 장점을 극대화한 서비스는 사람들에게 새로운 경험으로 다가갈 것이다. 새로운 경험, 새로운 상품은 곧 시장의 확대를 의미하지 않던가.

주머니 속의 주치의 시대

시야를 약간만 주변으로 돌려보면 신기술을 맞이하는 세상의 움직임이 명확히 보인다. 주목할 부분은 헬스케어 산업이다. 헬스케어는 말 그대로 병원에서 이뤄지는 의료 서비스와 평상시 건강 관리 전반을 전부 포함하는 방대한 영역이다. 보통 헬스케어 산업이라고 지칭할 때에는 건강할 때 건강을 관리하고 질병을 예방하는 데에 방점을 둔다.

이 넓은 범위의 산업 영역에는 전문적인 의사의 손길이 구석구석 미치기 힘들다. 건강 관리란 언제 어디서나 늘 해야 하지만 의사와 그렇게 자주 상담할 수는 없는 일이다. 운동량은 적절한지, 영양제를 추천할지, 피로가 누적되면 어떻게 해야 하는지 등등 의사에게 물어보고는 싶지만 병원에 가기는 부담되고, 의사에게 시시콜콜한 질문을 하다 면박 당하고 싶지도 않기 때문이다.

여기에 인공지능을 이용한 기술이 적극적으로 개입될 여지가 있다. 여태껏 한 번도 의사가 활약해 본 적 없는 곳, 바로 환자의 바지 주머니에서 의사가 상시적으로 환자의 건강을 체크하는 미래가 도래할지 모른다는 얘기다. 듣기만 해도 기대되는 일이다. 전통적인 헬스케어 산업에 최첨단 IT 기술이 접목되는 상황이다.

사람들의 열광적인 반응과 기대는 예견을 넘어 이미 증명됐다. 사람들은 '스마트 헬스케어' 시장이라는 말까지 만들었다. 시장 규모가 연평균 30%를 넘는 고성장을 계속하리라 예상하기도 한다. 실제로 2014년 미국에서는 헬스케어 부분 투자가 30%나 증가했다. 앞으로 시장의 성장 가능성을 모두가 인지한 것이다.

헬스케어 산업, 수요는 충분

물론 이 모든 얘기는 충분한 기술력이 밑받침됐을 때 가능하다. 인공지능이 인간보다 뛰어나지 않아도 유용하다고 했을 뿐, 뛰어나기는 뛰어나야 한다. 2018년 현재, 인공지능에게 인간은 쉽게 정복하기 힘든 거대한 산이다. 거대한 산을 못 오를 뿐 작은 산은 오를 수 있어야 하는데 안타깝게도 아직은 언덕을 오르기도 쉽지 않다.

기술적으로 충분히 준비되지 않으면 소비할 준비를 하고 있던 소비자도 소비할 수 없다. 구글마저 실패를 경험했다. 2008년 구글은 '구글헬스Google-Health'를 내놓았으나 서비스를 금세 중단하고 말았다. 사용자들을 서비스로 끌어들일만한 유인책이 잘못됐기 때문이라는 자평을 남겼다.

비교적 최근에는 여러 종류의 웨어러블 기기에 헬스케어 서비스가 결합되곤 했으나 큰 반향을 일으키지는 못했다. 그들 중 몇몇은 심박수와 같은 기본적인 생체 신호를 모니터할 수 있는 기능도 갖췄다. 하지만 어떤 훌륭한 건강 관리도 해주지 못했고 배터리 문제는 해결되지 못했다. 아예 웨어러블 기기 자체가 하향세를 걷고 있다. 강력한 기능과 새로운 경험으로 스마트한 IT 생활의 새로운 플랫폼이 되기에는 능력이 부족했다. 스마트 워치의 1인자라는 핏빗Fitbit도 2017년 구조조정에 들어갔다는 사실이 많은 것을 상징한다.

이처럼 몇몇 부정적인 신호로부터 기술력이 중요한 문제라는 근본적인 내용을 확인할 수 있다. 하지만 진짜 부정적이라고 보면 곤란하다. 지금 이 기술이 완성되기만을 기다리는 수

핏빗의 구조조정은 스마트 헬스케어 산업의 실패라기보다 이 시장에서는 기술력이 진짜 중요한 문제라는 것을 보여준다.

많은 잠재적 소비자가 넘친다. 실패를 거듭하면서도 수많은 기술자들이 계속 도전하고 투자가 계속 늘어나는 데에는 이유가 있다. 사람들이 너무나 적극적이어서 이 분야에서는 신기술이 새로운 시장을 열어젖히는 것이 아니게 느껴질 정도다. 헬스케어 영역에 있어서는 오히려 시장이 기술의 발전을 애타게 기다리고 있는 것 아닐까?

4차 산업 기술의
관계도

딥러닝이니 인공지능이니 생소한 개념들이 엄청 등장하고 있는데, 이것들의 관계만 알아도 대충 세상의 기술 흐름을 알 수 있다. 물론 엄밀하고 자세히 아는 것은 쉬운 일이 아니다. 실제로 인터넷 검색을 조금만 해보면 어려운 얘기를 더 어렵게 설명하는, 소위 전문가의 '친절함'을 쉽게 만날 수 있다. 하지만 여기선 아니다. 잔가지들을 쳐내고 과감하게 만든 큰 그림을 소개한다.

빅데이터나 인공지능을 이해하는 데에 가장 중요한 것은 이것들이 '도구'에 해당하는 기술이라는 것이다. 4차 산업혁명 시대의 기초가 되는 기술이다. 구현할 수 있는 일, 드러나는 모

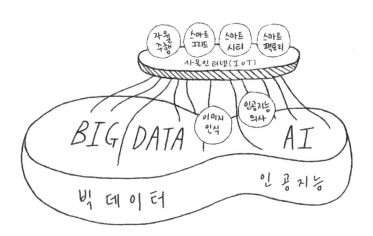

습이 무궁무진하다. 엄청난 신기술이니만큼 지금의 예상을 훌쩍 넘을 수도 있다. 게다가 이 둘은 상보적인 관계다. 빅데이터를 이용한 인공지능은 강력한 힘을 발휘하고 빅데이터의 유용성은 인공지능 덕분에 더욱 커진다.

그리하여 이들 기초 기술들이 이미지 인식이나 인공지능 의사와 같은 기술을 구현하는 데에 핵심 역할을 하게 됐다. 이를 이용하여 안면 인식 기능이 달린 핸드폰을 내놓거나 헬스케어가 가능한 스마트 시계와 같은 제품을 만드는 게 실제 기업의 일이다. 기업은 제품을 만들면서 저런 기술을 이용하고 발전시킨다.

사물인터넷 역시 미래 기술로 크게 주목받고 있다. 사물인터넷 기술의 가장 큰 특징은 빅데이터와 인공지능 기술적 기반 위에 올라서야 한다는 것이다. 지금 당장은 그러지 못하더라도 앞으로 그래야만 한다. 그래야 사물인터넷이 이끌 미래 세상이 기존의 단순 자동화에 의지한 미래의 청사진을 넘어설 수 있다.

사물인터넷 기술은 빅데이터 관련 기술과 인공지능 기술을 함께 이용한다. 스마트그리드나 스마트시티와 같은 것들은 이를 바탕으로 구상되고 있는 훌륭한 계획이다. 사물들이 만드는 수많은 데이터는 빅데이터 기술을 이용해 분석되고 때로는 역으로 빅데이터를 풍부하게도 한다. 와중에 인공지능을 유용하게 사용할 것은 자명하다.

자율주행 역시 자율주행차 자체가 사물이라는 면에서 사물인터넷의 일부로 분류하기는 했지만 약간 독특한 상황에 있다. 자율주행차는 네트워크랑 관련 없이 혼자 잘 주행해야 하기 때문이다. 물론 그 순간에도 탑승자의 여러 개인 단말기와는 연결되어 있겠지만 이런 연결이 사물인터넷의 본질이라고 보기는 힘들다. 자율주행차는 사물인터넷을 이용한 도로 시스템이 구축된 뒤에 제대로 사물인터넷의 영역에 편입될 것이다.

블록체인은 이 모든 것들에서 중요한 역할을 한다. 블록체인은 네트워크에서 보안 영역을 담당한다. 따라서 저 수많은 네트워크 연결 중 일부분을 분명히 담당할 것이다.

지금부터 책에서 다룰 내용은 각각의 기술들이 왜 저런 관계도를 갖는지 알아보는 일이다. 때로는 기술의 원리를 알아야 하고 때로는 기술을 둘러싼 사회 환경을 파악해야 한다. 앞의 그림을 살짝 머리에 담아 두고 책을 읽다 보면, 앞서 간단히 언급한 각 기술 이야기들의 의미를 자연스레 깊이 있게 이해하게 될 것이다.

II.

자율주행

이제는
모두가 탑승자

이제 상상력 대결이다. 자율주행 기술이 완벽해진다면 어떤 변화가 찾아올 것인가? 많은 사람들은 대부분 편하게 목적지를 향하는 자신을 생각한다. 차 앞자리에 타서 도착지를 입력하고 나면 할 일이라곤 핸드폰을 쳐다보는 것밖에 없다니 얼마나 좋을까 하는 정도다. 차 안에서 밀린 웹 서핑을 하고, 웹툰을 보며, 화장을 고치거나 가볍게 면도를 하는 출근길을 떠올린다. 그리고 곧 출퇴근길 스트레스와 작별할 수 있다는 생각에 다다른다.

일터에 가서 일하기 싫어 죽겠는데, 도착할 때까지 사람을 힘들게 하는 것이 출근길 정체다. 두 손으로 운전대를 부여잡고 차가 막히거나 신호등에 걸릴 때마다 핸들에 이마를 올려 놨던 경험이 없는 운전자는 거의 없다. 그 와중에 다른 운전자 의 눈치까지 봐야 한다. 전방을 집중해서 보고 있지 않으면 차 간 거리가 벌어지고 사달이 난다. 뒤차가 살짝 울린 경적을 듣 고 나서 앞으로 가면 그나마 성공적이다. 벌어진 차간으로 옆 차라도 끼어들면 난리가 난다.

자율주행 기술은 이 모든 것을 한방에 해결한다. 완벽한 자 율주행이 말한다. '운전에서 오는 모든 스트레스여, 안녕!'

나름 훌륭했지만 여기까지 상상하는 데에 그친 독자는 상상 력 대결에서 훌륭한 성적을 얻기 힘들다. 지금처럼 현재의 욕 구를 해결하는 데에만 집중하면 깊이 있게 상상할 수 없다. 모 든 사실 하나하나가 과연 상상할 수 있는 한계인지 의심해 봐 야 한다. 그러면 위의 상상이 미흡하다는 것을 바로 눈치챌 수 있다.

예를 들어 이런 것이다. '차 앞자리에 타서 목적지를 입력 하고 나면…' 응? 완벽하게 자율주행하고 있는 차의 앞자리 에 타야 할 이유는 단 하나도 없다. 편한 자리 아무 데나 앉으 면 된다. 한쪽으로 쏠린 구석, 그것도 온갖 주행 관련 장치들 이 덕지덕지 붙어 있는 정신 사나운 자리에 앉을 거란 생각 자

체가 편견이다. 잠깐만! 자율주행차에 과연 앞자리가 있기는
할까? 1인용 차라면 가운데에 딱 한 자리밖에 없을지도 모른다.
편의에 따라 자리를 폈다 접었다 하는 접이식 의자를 선호하는
사람도 많을 것 같다. 우리나라는 마루 생활하는 사람들이 많으
니까 차 안에 평상이 있을 가능성도 배제할 수 없다. 누워 있어
도 채울 수 있는 안전벨트만 나오면 되니 안 될 말도 아니다.

　여기서 끝이 아니다. 이동 시간을 좀 더 편안하고 자유로우
며 지루하지 않게 보내는 것은 자율주행이 가져다주는 부수
효과에 불과하다. 자율주행의 핵심은 운전자가 사라진다는 데
에 있다. 자동차 주인은 있지만 그가 운전하지는 않는다. 차에
올라타는 모든 사람은 똑같은 탑승자다.

　이동이 편해졌다는 생각과는 근본이 다르다. 마치 매일 아침
개인 통근 버스에 올라타는 것과 같다고나 할까? 차가 막힐까
스트레스를 받을 필요도 이유도 없다. 그냥 자면 된다. 운전기
사도, 옆 사람도 없기 때문에 무진장 편하다. 눈치 볼 일이라곤
전혀 없다. 고속버스처럼 암막 커튼을 장착한 자가용도 적지
않으리라. 퇴근길엔 밀린 영화나 드라마를 봐도 된다. 전면 유
리 대신 얇을 대로 얇아진 TV가 자리하는 것은 아닐까? 좋은
노래가 TV에 나오면 따라 불러도 된다. 아, 노래방 기계가 차

에 들어가도 되겠구나. 하고 싶은 일을 하면 되니까. 상상은 자유다.

완벽한 자율주행은 이전의 자동차 기술과는 차원이 다른 변혁을 가져올 것이다. 교통과 이동에 대한 개념 자체가 변화한다. 길에 버리는 시간으로 취급받던 이동 시간은 즐거운 재충전 시간으로 탈바꿈한다. 영화가 안 끝났다며 목적지에 다 와서도 내리기 싫어하는 뒷자리의 어린이들처럼 행동하는 어른들이 많아질 것이다.

문제는 수동 주행

원론적으로 기술 자체는 할 수 있는 일이 그다지 많지 않다. 기술은 사람들이 사용할 때에만 의미가 있다. 기술이 큰 변화를 가져오려면 많은 사람들이 그 기술을 사용해야만 한다. 그런 의미에서 본다면, 소비자들은 기술이 이끄는 사회 변혁의 주체이자 객체이다. 소비자 스스로 제품 구매를 결정하고 기술을 사용하면서 능동적인 역할을 한다.

자율주행 기술도 마찬가지다. 많은 사람들이 자율주행 기술을 사용하여 이동에 대한 새로운 개념을 창출한다. 양적인 변화가 질적인 변화를 불러일으키는 경우가 있는데, 자율주행 기술이 바로 이 경우다. 기술 사용자가 얼마 없을 때에는 그 파급 효과는 크지 않다. 그러나 자율주행차가 도로에 보이고 결국 다수가 되면 이동, 도로, 교통에 대한 신개념이 생긴다.

외롭게 제일 처음에 자율주행 기능을 사용한 선구적인 자동차가 있을 텐데, 이 차의 '아직까지는 운전자'인 사람은 매우 조심스러울 것이 분명하다. 자율주행 기능을 켜도 되는지 고민할 수밖에 없다. 매우 한적한 고속도로에서나 켜보지 않을까. 여자 친구에게 자랑하려고 한번 켜볼지도 모른다. 어떤 경우든 분명히 처음에는 운전할 때보다 더 격렬하게 전방을 주시할 것이다.

그런데 갑자기! 차가 비정상적인 주행을 했다. 조금만 더 격렬하게 상상해 보자. 만에 하나 가벼운 사고가 발생했다면? 이 경우 '아직 운전자'는 반사적으로 자율주행 기술을 탓할 것이다. 처음 접한 신기술에는 자신 없는 게 인지상정이다. 자연스럽게 수동 운전 시 절대 나오지 않는 반응이 나온다. "아니 이 차가 왜 이래?"

21세기 대한민국 사람들에게 익숙한 반응과는 완전 상반된다. 보통 자동차 접촉 사고가 나면 내리자마자 남 탓하기 바쁘다. 이글거리는 눈빛과 함께 차에서 내린 후, 삿대질을 하거나,

아니면 눈으로 레이저를 쏜다. 그 기저에는 나는 잘못이 없다는 믿음이 있다. 그런데 자율주행을 처음 사용하는 '아직 운전자'는 당당하지 못하다. 운전을 직접 하지 않았기 때문이다. 사고를 당한 상대방에게 자신이 자율주행 모드로 차를 운행했다는 사실을 말하고 싶지 않을 가능성도 있다.

'아직 운전자'가 자율주행을 진정 신뢰하게 되는 때는 언제일까? 수동 운전 차량과 사고가 나도 당당하게 차에서 내려서 상대방을 쳐다보는 순간이 언제 오느냔 말이다. 이것은 시간의 문제가 아니다. 완벽에 가까운 자율주행 기술이라도 사람의 습관과 편견을 한순간에 바꾸지는 못한다. 기술의 문제 역시 아니다. 사고율이 0.00001%인, 그야말로 훌륭한 기술이라도 그 모자란 극미량의 가능성은 사람을 자신 없게 만든다. 물론 자율주행의 기술적 완성도가 충분히 높아진 후에 자율주행차가 시판될 것이다. 면밀한 사고 조사는 대부분의 사고 원인이 자율주행 기술과 무관함을 확인해 줄 것이다. 하지만 사람의 습관과 편견이 만든 벽은 높고 견고하다.

우습게도 중요한 것은 머릿수다. 심리적으로 자율주행차가 도로에 더 많아지는 순간 도로의 주인은 이제 더 이상 '아직 운전자'가 아니다. 도로에 자율주행차가 단 한 대만 있으면 문

제의 원인은 자율주행차일 수 있다. 하지만 자율주행차 투성이 인데 수동 운전 차가 혼자 있다면 전세가 완전히 뒤바뀐다. 도로의 주인은 자율주행 기술의 도움을 받는 자동차다. 도로의 주인이 바뀌는 시간부터 '아직 운전자'는 실수도 많고, 전형적이지 않은 조작을 하며, 예상할 수 없는 판단을 하는 등 사고 원인 취급을 받는다. 이제 도로 위 '아직 운전자'의 숫자는 더더욱 급속히 줄어들 것이다.

'과도기'
자율주행차의 문제

신기술은 기본적으로 사람들에게 새로운 경험을 선사한다. 그런데 몇몇 신기술은 이에 그치지 않고 새로운 환경을 조성하기도 하고 새로운 개념을 만들기도 한다. 자율주행차 역시 마찬가지다. 이동 중 사람들에게 손과 눈과 발을 돌려주는 것 이상의 많은 변화를 가져올 것이다. 우선 사람들이 가장 많은 관심을 갖는 안전과 관련된 얘기를 먼저 하고자 한다.

간단하고 과감한 가정에서부터 얘기를 시작할 수 있다. 자율주행차가 거의 대부분인 먼 미래를 생각해 보자. 어떤 사람이 빨리 가고 싶어서 자율주행 기술을 사용하지 않고 운전하다가 다른 차와 접촉 사고를 냈다. 이 사람은 매서운 비판에 직면할 것이다. 아마도 안전불감증을 포함한 온갖 싫은 소리가 쏟아질 것이다. 한 명의 일탈이 자율주행 기술에 의지한 평안한 도로 환경을 망쳤으니까 말이다.

하지만 똑같은 교통사고라 하더라도 2018년에는 사정이 다르다. 자율주행차가 도로에 막 나타나는 거대한 전환의 시발점이 되는 시기다. 이런 상황에서는 똑같은 사고를 놓고도 여러 다양한 주장들이 나올 수 있다. 과도기의 혼란이다. 기존에 당연하다고 생각하던 것들을 다시 고민해야 하는 시간이 찾아온 것이다.

과도기의 도로, 인간의 관행을 따라야 할까

자율주행차가 관여된 자동차 사고는 그 이전과 질적으로 다르다. 자율주행차는 주행에 필요한 모든 상황을 전부 데이터화하기 때문에 사고 순간은 물론 사고 앞뒤의 모든 정황을 완벽하게 남길 수 있다. 그 모든 것이 다 기록될 뿐 아니라 분석도 완료된 상태다. 지금 사용되는 자동차 블랙박스는 이에 비하면 아날로그 데이터에 불과하다. 자율주행차는 관찰하는 모든 것을 시간 단위로 거리와 속도까지 완벽하게 측정한다. 물론 자

율주행차 스스로 어떤 제어를 행했는지도 완벽한 형태로 자료에 남긴다.

따라서 자율주행차와 사고가 나면 사고 당사자들이 얼굴을 붉히고 싸울 이유가 전혀 없다. 궁금하면 기록된 데이터를 살펴보고 전통적인 방법으로 어떤 차에게 어떤 잘못이 있는지 분석할 수 있다.

그런데 상황이 약간 미묘한 면이 있다. 자율주행차를 사람이 운전하는 자동차처럼 여기고 어느 차에게 책임이 있는지 정하는 것이 과연 타당한지 생각해 봐야 하기 때문이다. 과연 사람에게 적용하는 과실 판단 기준을 기계와 기술에게 똑같이 적용하는 것이 합리적인가?

사람은 생물학적 한계를 지닌다. 반사 속도도 빠르지 않고 시야도 좁다. 실수 가능성은 언제나 존재한다. 교통사고 발생 시 책임을 나눌 때 '쌍방'이라는 것이 지닌 의미가 본질적으로 이런 맥락이다. 사고가 있었지만 쌍방 모두 피할 수 없는 부분이 있었다는 의미다.

그런데 자율주행차는 온갖 센서로 무장하여 사방을 언제나 관찰한다. 기술이 무사고를 최우선으로 여긴다면 '정상적인 상황하에서는' 사고를 예방하는 주행이 얼마든지 가능하다.

일어날 수 있는 교통사고 상황을 떠올리면 조금 더 자세히 이해할 수 있다. 자율주행차와 인간이 운전하는 차가 끼어들기 사고를 냈다고 가정하자. 자율주행차가 사각에 숨은 바람에 사람은 자율주행차를 보지 못했다. 그런데 하필 이 순간 자율주행차는 보통 이런 경우 옆 차선 차량이 차선 변경을 하지 않더라는 근거를 가지고 정상 주행을 계속하고 감속을 하지 않기로 판단했다. 그러나 옆 차선 차량은 안타깝게도 차선을 변경했고 결과적으로 접촉 사고가 났다.

자율주행 기술이 임의적으로 판단하여 결과적으로 사고가 났다. 만약 자율주행차가 안전제일을 목표로 삼아 미리 대비하고 양보를 준비했다면 사고는 피할 수 있었을 것이다. 하지만 차량은 관행을 따랐다. 마치 '사람처럼' 말이다. 이것이 과연 인간과 기술에게 공정한 것일까? 사람과 기술을 동일 선상에 놓고 과실 비율을 판단하는 것이 적절한지부터 의심해야 된단 말이다.

사람은 '보통의 경우'를 염두에 두고 운전을 한다. 도로의 질서는 욕망들의 합이다. 안전과 연비, 여행 시간 등을 염두에 둔 집단 지성이 만든 암묵적인 질서로 가득한 곳이 도로다. 명확히 말로 설명할 수는 없으나 사안별로 어떻게 운전하는 것이 적절한지 다수가 알고 있는 상태다. 인간은 이런 불분명함을 암묵적 규칙, 혹은 관행이란 말로 있어 보이게 포장한다. 사고가 발생했을 때 운전자들은 자신의 운전 방법이 법에 명시된 도로의 관행에 기초한다고 항변한다.

하지만 기술도 관행을 읽어서 판단하도록 하는 것이 적절한지는 당연하다는 듯이 결정할 일이 절대 아니다. 도로에는 온갖 유익하지 않은 관행이 넘쳐나기 때문이다. 자율주행차들이 인간처럼 주황불에도 멈추기보다는 휙 지나가려는 상황을 가정해 보자. 소위 '답답하지 않도록' 운전하는 온갖 관행을 자율주행 기술이, 핸들이 없는 차가 따르고 있다고 생각해 보자. 문제는 절대로 간단하지 않다.

자동차 사고의 기준이 바뀐다

이런 문제는 자동차 제조사와 자율주행 기술 개발자들에게 대단히 중요한 문제다. 전통적인 관점과 달리 차량 제조사는 교통사고의 주요 당사자 중 하나가 되기 때문이다. 자율주행차가 교통사고를 내면 차와 관련된 당사자가 넷인데 차량 소유자, 차량 운전자, 자동차 제작자, 자율주행 기술 개발자 이렇게 넷이다. 기존의 자동차에게는 앞의 둘이 중요하고 뒤의 둘은 큰 요인이 아니었다. 심지어 자율주행 기술 개발자의 경우 아예 고려 대상이 아니었다. 하지만 자율주행차의 경우는 다르다. 사고와 관련된 판단을 기계가 내렸으므로 저 둘의 비중이 절대 작을 수 없다. 단순화시켜 말하면 제조물 책임을 어디까지 져야 하는가 하는 문제인 셈이다.

보통의 제조물에 대한 생산자의 책임은 제품이 안전상 하자가 있을 때, 불량이 있을 때 인정된다. 자율주행차를 예로 들면 명백히 자율주행 기술이 오작동 했을 경우다. 만약 자율주행차가 운행을 위해 분석한 데이터에 오류가 있다면, 이는 자율주행차 기술이 정상적으로 작동하지 않았다는 의미다. 그때는 자율주행차가 사고 원인으로 지목될 수 있다. 실제로 2016년 6월에 테슬라의 자율주행차가 테스트 중 사고를 냈는데 테슬라는 차량의 센서가 트럭을 식별하지 못했다고 발표했다.

이와 같은 예와 달리 아무런 문제없이 주행하는 자율주행차가 명백한 오류 없이 잘 제어되는 상황에 일어나는 사고에 대해 자동차 회사는 어떤 책임을 어디까지 져야 할까? 아직은 명확한 답이 나오지 않았다. 분명히 이에 대해서도 많은 다툼이 있은 후에 암묵적 질서가 확립될 것이다. 마치 지금의 교통질서처럼 말이다.

어찌됐든 일정 부분 자율주행차를 만든 제조사가 이 책임을 져야 한다면, 자동차 회사는 이에서 벗어나려고 최선을 다할 것이다. 먼저 기술적으로 아예 책임질 일이 일어나지 않도록 방어하는 게 최우선이다. 자율주행차의 운행을 극도로 보수적으로 설정하는 것이다. 사람과 달리 자율주행 기술은 운전 습관과 방법을 교육하는 것이 가능하므로 늘 최악의 상황을 염두에 두고 가능한 저속으로 운전하게 할 수 있다. 새로운 형태의 사고가 날 때마다 그것을 피하도록 제어한다. 보통 자율운행차의 시범 운행이 사람이 별로 없는 한적한 셔틀버스 중심으로 이루어진다는 점을 상기하자.

이런 기술적인 해결책과 별개로 교통사고 자체를 기술의 시각으로 바라보는 작업도 병행할 것이다. 교통사고가 발생하면 차량 제조사나 기술자는 자율주행의 정상 작동, 정상 운행을 옹호해야 하기 때문이다. 이 과정에서 차량 사고에 대한 새로운 패러다임을 제시할 가능성도 높다. 그러니까 보통 전방 주시 태만과 같은 애매한 기준으로 설명되던 것들이 명확히 수치화되는 것이다. 자율주행차가 기록한 정밀한 운행 정보 등은 사고 상황을 수치화하는 데에 큰 도움이 된다. 그래서 사고를 피하려면 차가 얼마나 빠르게 속도를 바꿔야 했는지 따위를 알아보는 데에 매우 적합하다. 반응 속도나 차량 제어 시 가속도와 같은 값의 정확한 기준을 두어서 그것이 과실 여부를 결정하게 하는 것이다. 난폭 운전, 돌발 따위의 분류가 사라지고 상대방에게 반응 시간 얼마 이하를 요구하는 운전을 하면 불법, 상대가 가속도 얼마 이상의 급정거나 급회전을 하게 만들면 불법, 이런 식으로 말이다.

당연히 자율주행차 제조사는 이런 기술적인 해결책 말고 금융적인 해법도 동시에 마련한다. 이런저런 이유로 판매한 차량 때문에 나가게 되는 지출을 차량 출고가에 포함하는 것이다. 초창기 자율주행차는 아마 이런저런 이유로 가격이 싸지만은 않을 것 같다. 아직 자율주행 기술의 개발이 완료된 것도 아니고 관련 회사도 여럿이므로 각 회사들의 대응을 정확히 예상하는 것은 어렵지만 말이다.

물론 자율주행 초창기에 거의 모든 자동차 회사가 사용할 것이 거의 확실시되는 해결책도 있긴 하다. 이 해결책은 금융적이지도 기술적이지도 않고 다분히 정치적이다. 그것은 바로 경고 문구다. '자율주행 기능 작동 시 발생하는 책임은 모두 운전자에게 있습니다.'

지금까지 자율주행이 가져올 변화 중 당장 일어날 가능성이 있는 하나의 경우에 대해 얘기했다. 언제나 미래에 대해 고민할 때는 통시적인 관점을 냉철하게 유지해야 한다. 자율주행차가 도로의 지배자가 되는 날에는 또 다른 개념이 자리 잡을 것이 분명하다. 변화의 크기도 거대할 터이다. 단지 그것이 어떤 형태가 될지 언제일지 정확히 모를 뿐이다.

하지만 바로 앞에 닥친 작은 변화나 과도기 모습을 너무 무시하는 것은 바람직하지 못하다. 당장 찾아오는 작은 변화에 주목하는 일은 꼭 필요한 일이고 유의미한 일이니까 말이다. 실제 개개인에게는 이런 작은 변화들이 바로 피부에 와 닿는 일일 것이다. 혹은 큰 변화가 긴 시간 동안 일어나서 개인은 과도기만 경험할 수도 있다. 종종 이 작은 변화들은 앞에 있을 큰 변화를 예상하는 데에도 도움을 준다. 이런 의미로 곧 있을 변화를 예측하고 의미를 새겨보는 일은 중요하다. 등산하다 넘어질 때는 멀리 보지 못해서가 아니라 발밑을 보지 않아서다.

03

보험 회사가
위험하다

자율주행 기술이 시판되는 그 순간 자율주행차의 사고율은 인간보다 낮을 것이 거의 확실하다. 아니 기대 사고율이 충분히 낮지 않은 상태에서는 감히 제조사들이 시판을 시작하지 못할 것이라고 생각하면 더 적절할 것 같다.

어쨌든 이런 상황이라면 시판되기 시작한 자율주행차의 조향 장치는 사족이 된다. 조향 장치를 운전자가 건드리는 순간, 사고율이 증가할 테니 만들어 봐야 손해다. 달아봤자 돈만 더 든다. 사람들도 이성적으로 생각한다면 조향 장치를 건드리지 않을 것이다.

하지만 초기 자율주행차들은 여러 가지 이유로 조향 장치가 분명히 장착될 텐데, 그 이유 중 하나가 바로 앞 장에서도 언급했던 사고 책임에 관한 것 때문이다. 이 차의 운행 책임은 운전자이자 탑승자이고, 이를 잠시 기술에게 맡긴 것은 바로 '위임한 사람'에게 있다고 가르쳐 주는 데에 핸들만한 것이 없다.

하지만 어느 순간 핸들이 없는 차들이 도로 위의 대세가 된다. 그다지 가깝지 않은 미래라곤 하더라도 한번 핸들이 없는 차들이 대세가 되면 이제 핸들은 다시 보기 힘들어질 것이다. 핸들은 강력한 사고 유발 원인이니까 말이다.

보험 회사의 고민, '사고율 0'의 자율주행

핸들의 생존 문제를 상상하다 보면 다음에까지 생각이 미친다. 그렇다면 같은 자율주행차라도 핸들이 있는 차와 없는 차 사이에 사고율 차이가 있을까? 이런 생각을 하는 걸 업으로 하는 사람들이 있다. 바로 보험 회사 직원들이다.

보험 회사가 어떤 곳인지 다들 알 것이다. 그들은 사고율에 대단히 민감하다. 사고율이 바로 곧 수익과 직결되기 때문에 항상 면밀하게 사고 요인을 분석한다. 따라서 사고와 그 후 처리에 영향을 주는 기술에 매우 민감하게 반응한다. 차량용 블랙박스가 아주 좋은 예다. 자율주행 기술에 비하면 정말 아무

것도 아닌 기술이지만, 보험 회사는 이 장치 유무에 따라 보험료를 상품별로 다르게 책정한다. 자율주행차에 보험사가 얼마나 민감하게 반응할지 예상할 수 있는 대목이다.

실제로 보험 회사들의 발길이 매우 재다. 아직 나오지도 않은 차에 대해 보험 상품까지 개발했다. 영국에선 아드리안 플럭스Adrian Flux란 회사가 2016년 5월 업계 최초로 자율주행차를 대상으로 한 상품을 만들었다. 한국에서도 삼성화재가 2017년 11월 자율주행차를 위한 상품을 내놓았다. 자율주행차가 도로 환경을 많이 바꾸면 바꿀수록 새로운 상품이 많아질 수밖에 없다. 보험은 본질적으로 세상을 분석해서 만드는 금융 상품이니까.

특히 보험 회사에게 큰 영향을 줄 부분이 바로 교통사고율 자체의 감소 여부다. 자율주행차가 보급되면 자동차 사고가 줄어들 것이라 예상하는 사람이 절대 다수다. 아주 단순하게 생각해서 인간이 범하는 몇몇 범주의 사고가 자율주행차에서는 일어나지 않는다. 음주 운전, 졸음 운전, 난폭 운전 등은 기계에는 없는 일이다. 기술이 조금만 원숙해진다면 전방주시의무 위반이나 안전거리 미확보, 신호위반 따위의 일 역시 일어날 가능성이 거의 없다. 주행 중 에너지 소모가 늘어나는 부작용은 있을지 몰라도 어쨌든 사고 확률은 떨어진다. 고속도로와 같은 자동차 외에 돌발 상황이 거의 없는 환경에선 사망률이 50% 줄어든다는 예상도 있다.

이렇게 교통사고가 줄어들고 그로 인한 피해가 줄어든다면, 보험료는 낮아질 수밖에 없다. 기대 손실이 적다는 것은 그만큼 보험료가 줄어든다는 것을 의미하고, 그것은 납부 보험료의 감소를 의미한다. 자동차 보험 관련한 금융 시장에 큰 변화를 예상하지 않을 수 없다.

먼 훗날 자율주행차가 완전 보급되면 사고는 정말 거의 일어나지 않을 것이다. 특히 자율주행차 간 교통사고는 거의 0에 수렴할 것이다. 차량의 절대 다수가 자율주행차인데 자율주행차 간 교통사고가 거의 일어나지 않는다면 자동차 보험료를 얼마나 책정할지 궁금하다. 보험사가 어떤 방법으로 규모를 유지할 지도.

개인 자동차 보험의 소멸

보험 회사를 어렵게 하는 변화는 또 있다. 바로 교통사고가 발생했을 때 새로운 당사자가 등장한다는 점이다. 바로 자동차 회사다. 자동차 회사는 교통사고의 책임에서 벗어나기 어렵다.

기술이 발전하면 발전할수록, 차를 제어하고 통제하는 자율주행차의 권한은 점점 커지고, 그만큼 사고 시 인간 개인의 책임은 줄어든다. 그 말인 즉 교통사고가 발생해도 개인이 보상해야 할 부분이 적다는 의미다.

안 그래도 사고율이 점점 낮아질 텐데, 이 덕분에 궁극적으로 자율주행차 탑승자의 과실이 사실상 0이 될 가능성이 있다. 이렇게 되면 개인이 자동차 보험을 들어야 할 이유는 어디에도 없다. 시내버스에 탈 때 시내버스 탑승용 보험을 따로 들지 않는 것과 같은 이치다. 자율주행차가 널리 보급돼 도로의 절대 다수가 되면 전통적 의미의 자동차 보험이 필요 없는 시대가 온다. 차를 구입할 때, 보험료가 없는 세상이라니 인공지능이 가져올 세상에 환호성을 보내고 싶다. 물론 얼마나 시간이 걸릴지는 아직 모른다는 게 문제지만.

보험 회사 입장에선 개인 자동차 고객이 사라진다는 것 외에 곤혹스러운 일이 또 있다. 자동차 회사는 기존 교통사고 당사자에게는 없는 힘을 가졌기 때문이다. 우선 자동차 회사가 가진 가장 큰 힘은 정보다. 자동차 회사는 자신의 차가 사고에 관여될 때마다 그 원인을 매우 정확히 파악할 능력이 있다. 모든 것은 전산화되어 완전히 기록되고 분석된다. 전통적 교통사고 당사자들은 정보가 없었다. 여러 사고들을 분석했던 경험이나, 통계적으로 사고 확률이나 원인을 알아내는 능력 따위는 기존에는 보험사만의 권능이었다.

둘째로 자동차 회사는 자본력이 있다. 보험사와 분쟁이 일어난다면 개인은 엄두도 못 낼 비용을 내며 변호사를 쓸 수 있고, 기나긴 법정 싸움을 버틸 힘과 능력이 있다. 과거 개인을 상대로 자금력과 비용, 시간의 우위를 토대로 유·무형의 이득을 취할 때와는 다르다.

어떤 식으로든 차의 결함을 숨기려고 자동차 회사가 끈질기게 노력한다는 사실은 유명하다. 수많은 자동차 회사의 차량들이 급발진 의심 사고를 내고 있지만, 어느 회사도 자신들의 책임을 인정하지 않는다. 2000년대 초반 도요타는 미국에서 급발진 사고가 주요 결함이 아니라고 끝까지 주장했는데, 조사에만 4년을 끌었다.

보험사 입장에선 골치 아픈 상대를 만난 셈이다. 엎친 데 덮친 격으로 보험 회사가 자동차 회사를 대하기 까다로운 이유가 또 있다. 바로 자동차 회사는 보험 상품을 구매하는 고객이라는 사실이다. 고객은 때로는 적보다 더 무섭다.

자동차 회사는 자신들이 교통사고 책임의 일부를 지게 되면 당연히 그에 대한 보험을 가입하게 될 것이다. 다른 금융 해결책이 동시에 작동할 수는 있겠지만, 근본적으로 보험과 크게 다르지 않을 것이다. 보험 가입이 특별히 새로운 일은 아닌 것이 지금도 '제조물배상책임보험'이라는 게 있다. 제조물배상책임이란 제조물의 품질이나 결함으로 인한 사고에 대해 제조자가 손해배상 책임을 지는 것이다. 넓은 의미로 자율주행차가 사고를 낸다면 이 경우에 속한다고 할 수 있다.

자율주행 기술이 발전할수록 자동차 회사는 보험 회사의 주 영업 대상이 된다. 적정한 보험료를 책정하기 위해 막강한 파워를 가진 몇 안 되는 자동차 회사들과 협상을 잘하려고 보험 회사는 갖은 애를 써야 한다. 수많은 차를 좌지우지하는 몇 안 되는 고객이라니 그 보험료가 얼마나 될지 상상도 잘 되지 않는다. 참고로 2017년 한국의 자동차 보험 시장 규모는 17조 원에 달한다.

법원이 자동차 회사의 운명을 좌지우지

물론 미래에 찾아올 변화를 정확히 예상하는 일은 쉽지 않다. 중요한 것은 어떤 요소가 어떤 역할을 할지 파악하는 일이다. 예를 들어, 사고 시 개인이 지는 책임이 줄어들면 개인 보

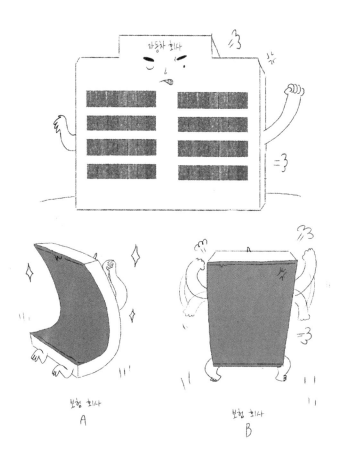

보험 회사
A

보험 회사
B

험료는 줄어드는 방향으로 갈 것이다. 하지만 섣불리 그만큼 차를 싸게 구입할 것이라고 결론을 내릴 수는 없다. 자동차 회사가 보험료를 지불하면 그 비용이 차 가격에 반영된다는 예상도 가능하다.

분명히 변화의 요인이긴 한데 어떤 방향으로 변화가 이어질지 쉽게 말하기 힘든 얘기들도 있다. 예를 들어 제조사가 다른 두 자율주행차가 사고를 냈을 경우가 그렇다. 두 회사는 사활을 걸고 상대방 차에 원인이 있다고 다툴 게 분명하다. 법정 다툼까지 간다면 어느 기술이 더 안전한지 법원에서 도장을 찍어주는 신개념 법정 마케팅이 이뤄질 수도 있겠다. 패자는 쉽게 씻지 못할 오명을 뒤집어 쓸 것이고 승자는 휘파람을 불 것이다. 제조사들은 이런 것에 민감하다. 제조사들은 매월 미국 비영리단체에서 발간하는 〈컨슈머 리포트Consumer Report〉에도 민감하다. 가끔은 이런 종류의 순위를 광고에 사용한다. 그런데 법정 다툼의 결과물이라니 그 무게감이 남다르다.

혹은 교통사고를 둘러싼 제조사 간 다툼이 너무 많아져서 단일 사건이 아닌, 통계 싸움이 될지도 모른다. 교통사고에 대한 각 자동차 제조사의 책임을 비율로 비교해 1년 치 통계를 내면 그 자체가 안전에 대한 훌륭한 지표가 된다. 사고 피해액을 통계를 내어 비교할 수도 있다. 자율주행차가 많아질수록 기술 안전에 관한 신뢰도는 통계적으로 검증받을 것이다. 마치 하드 디스크의 불량률 통계를 내는 요즘 서버 업체처럼 말이다. 요즘 서버 업체들은 하드 디스크를 구입해서 사용한 후 회사별 불량률을 공개한다. 덕분에 소비자들은 제조사에서 공개하는 불량률보다 더욱 믿음직한 데이터를 바탕으로 구매를 결정할 수 있다.

발생할 모든 일들을 다 검토하는 것은 불가능하다. 하지만 최대한 많이 생각해 보고 방향을 예상해 보는 일은 충분히 유의미한 일이다. 이런 작업은 무언가 기대가 높아지는 기분이 들게 한다. 재미있고 신난단 말이다.

공유 경제의
가능성

조금은 먼 미래로 가보자. 완전한 자율주행차가 나오는 시점. 레벨4의 자율주행차가 거리를 누비는 시간. 자율주행 기술은 레벨0부터 다섯 단계의 발전 수준으로 나뉘는데, 레벨4가 되면 사람의 개입이 전혀 필요 없는 진정한 의미의 자율주행이 완성된다. 레벨0은 자율 기능이 전혀 없는 상태를 말하는데, 첫 단계를 레벨1이라 하지 않는 이유는 아마도 자율주행 기술이 전혀 반영되지 않은 상태라는 것을 잘 알려주기 위한 것 같다. 2017년 기술 개발을 하고 있는 회사들 발표에 따르면, 현재 대부분의 자율주행 기술은 레벨3에 머물러 있거나 혹은 근접해 있는데, 이 정도면 주행자가 스마트폰

레벨0	자율주행 기술이 전혀 탑재되지 않은 상태
레벨1	운전에 필수인 기능 중 몇 가지 기능의 자동화 혹은 주행 보조 장치가 작동하는 상태
레벨2	운전이 자동화됐으나 운전자가 언제나 차량을 제어할 수 있도록 대기해야 하는 상태
레벨3	고도로 자동화됐으나 몇몇 특별한 상황에 인간의 개입이 필요한 상태
레벨4	인간이 전혀 손대지 않고 운행이 가능한 상태

을 사용하거나 책을 봐도 되지만 차가 신호를 보낼 때에는 운전을 직접 해야 하는 수준이다.

레벨4에 이르러 별 위화감 없이 도로를 누비려면 수십 년의 시간이 필요하다고 예상하는 사람들도 있다. 세상이 바뀌는 속도를 생각하면 진짜 먼 미래다. 생물학적으로 짧은 시간이 아니다. 이 책을 읽는 사람 중 일부는 경제 활동 인구에서 이탈할 나이이다. 자율주행이 출퇴근의 고통에서 운전자를 해방시킬 것이라고 말해봐야 별 의미가 없는 나이가 된다. 운전대를 잡느라 뒷자리 아이를 달래지 못한 채 이동해야 했던 일들이 추억으로나 겨우 떠오를 것이다.

그렇지만 자율주행차의 혜택을 누리지 못하리라는 걱정은 하지 않아도 좋다. 완전한 자율주행 기술이 가져올 놀랄만한 변화는 운전자에게 있지 않다. 운전 관련 기술이지만 운전자보다 운전자가 아닌 이에게 더 큰 의미가 있는 기술이 자율주행 기술이다.

홀로 회차하면 생기는 일들

지금도 운전을 보조하는 수많은 기술이 있다. 주행 보조 장치가 차선을 감지해 이를 벗어날 때마다 운전자에게 알려주거나 차선을 바꿀 때 주변에 차가 있다고 알려준다. 하나같이 운전자가 더 편하게, 더 효율적으로 안전하게 운전할 수 있도록 운전자를 도와준다.

자율주행차는 기술적으로는 운전 보조 기술의 매우 발전된 형태이기는 하지만 개념적으로는 차원이 다르다. 자율주행 기술은 운전자를 아예 없앤다. 자율주행 기술은 누구를 보조하거나 도와주려는 기술이 아니다. 운전 보조 기술들이 그 혜택을 운전자에게 집중시켰다면 자율주행차 기술은 그 혜택이 탑승한 사람 모두에게 향한다. 차량 소유주, 차를 탈 수 있는 모든 사람을 위한 기술이다. 따라서 자율주행 기술이 사회에 미칠 변화를 이해하려면 운전자를 머릿속에서 제외하고 생각해야 한다.

기술이 완전해짐으로써 기술의 직접 수혜자가 오히려 사라졌다. 이 말은 말 그대로 진실이다. 자율주행은 운전자를 생각에서 삭제한 것뿐만이 아니다. 진정한 자율주행차 시대에는 운전자가 없는 차가 거리를 돌아다닌다. 운전자도 탑승자도 없다. 그렇다. 자율주행 시대의 자동차는 홀로 회차가 가능하다.

이 엄청난 진보는 사람들에게 없던 능력을 부여한다. 이제 아무도 주차를 걱정할 필요가 없다. 자기 차를 타고 가면 차는 탑승자를 내려주고 혼자 집으로 잘 돌아간다. 학생들을 태우고 어딘가에 갈 때도 마찬가지다. 차는 학생들만 태운 채 목적지에 도착하고 학생들이 내리고 나면 알아서 돌아온다. 등하교 거리가 먼 아이들, 학원에 가야 하는 아이들을 데려다 주기 위해 운전자가 붙을 필요가 없다. 차는 알아서 돌아온다.

차가 혼자 돌아다니는 기술이 꼭 집에서 어딘가로 갈 때만 유용한 것이 아니다. 집에 돌아올 때도 마찬가지다. 언제 어디서 일이 끝나든 집으로 가는 차편을 걱정할 필요가 없어진다. 인터넷을 이용하든, 집에 있는 사람에게 부탁하든 자율주행차에게 목적지만 알려주면 모든 일은 끝이다. 자율주행차는 탑승자가 원하는 위치로 알아서 찾아간다.

기술이 잘 발달한다면 자율주행차는 언제 어디서든 스마트폰 앱으로 쉽게 부를 수 있는 빈 택시와 같아진다. 집 앞에서 늘 탑승자를 기다리는 택시와 같기도 하다. 방해하는 사람도 없고, 승차 거부 걱정도 필요도 없다. 개인을 위해 공간을 세팅할 수 있는 '개인' 택시를 집집마다 갖고 있는 셈이다. 자연스럽게 여객 운송 사업과 관련된 산업 전반에 큰 변화가 올 것이다. 인건비가 소요되지 않는 택시가 등장했을 때, 기존 택시가 경쟁력을 유지할 수 있는지는 질문할 필요조차 없다.

자율주행차 공유는 못 막아

당연한 얘기지만 운송 기술의 혁신은 운송 산업의 재편을 불러온다. 특히 자율주행의 강점은 차량의 효율성을 극대화한다는 데에 산업적 의미가 크다. 단순히 운전자나 탑승자, 혹은 집에 있는 부모님이 조금 더 편해지는 것과는 차원이 다르다.

근본적으로 기존 자가용 자동차는 전혀 효율적이지 않다. 자가용 차는 대부분 시간 동안 세워 놓는 제품이다. 필요한 순간은 한순간이지만 그것을 위해 너무 많은 시간 비용이 들어간다. 제대로 편하게 사용하기 위해서는 늘 주차장에서 대기 상

태여야 하고 주차비도 아끼지 않고 지출해야 한다. 게다가 차가 한 대 있다고 해서 가족 모두 그 혜택을 동시에 누릴 수 있는 것도 아니다. 한 명이 차를 몰고 나가면 다른 사람은 그 차가 돌아올 때까지 차를 사용하지 못한다. 몰고 나간 차 역시 도착지에서 대부분의 시간을 가만히 서 있다는 것을 생각하면 자가용 자동차가 얼마나 효율적인지 의문이 든다.

자율주행차는 이런 자가용 차가 지닌 비효율성을 극복한다. 아주 간단하다. 아침에 출근하는 사람을 회사로 데려다 준 차가 혼자 알아서 집으로 회차한다면, 그다음 집에 있는 사람들이 그 차를 사용할 수 있다. 차가 여러 대 필요하던 사정이 일순간에 바뀐다.

작금의 기술은 가족 간 공유를 넘어 사회 구성원 간 차량 공유를 가능하게 하는 쪽으로 발전하고 있다. 이는 차량의 효율을 더더욱 극대화한다. 특히 자율주행 기술은 차량 공유를 상당히 쉽고 편하게 만들 것이 분명하다.

예를 들어 사용 후 집에 세워 놓을 수밖에 없는 차를 이용해 대여업을 할 수도 있다. 이미 우버라는 비슷한 서비스도 있다. 집에서 노는 차와 노동력을 이용해 돈을 버는 것이다. 자율주행차 시대가 도래하면 노동력조차 필요 없다. 노는 차만 있으면 된다. 차량 소유자는 차량 감가상각비를 대여업을 통해 벌충할 수 있다면 마다할 이유가 없다. 사업자등록증을 낼 필요도 없이 동네에서 개인 간 소규모 공유 및 대여가 충분히 가능하다.

아예 공동 주택에서 준자가용 차량을 운영할 가능성도 있다. 지금도 낮 시간에 공동 주택 주차장을 보면 세워진 차가 적지 않다. 그것들이 다 자가용 차의 비효율성을 잘 드러내는 모습이다. 만약 공동 주택에서 공용으로 사용할 수 있는 차를 여러 대 구입하고 개인이 사용량에 따라 매달 사용료를 정산한다면 이와 같은 비효율을 극복하는 데에 크게 기여하지 않을까? 차를 여러 대 구입해서 일부는 예약제로, 일부는 예약 없이 선착순으로 이용한다면 여러 종류의 수요에 반응할 수 있다. 자가용 차량 구입에 비해 개인 지출은 크게 줄이면서 어디든 가고 싶은 곳에 불편 없이 갈 수 있다는 점에는 크게 차이가 없을 것이다.

이야기를 더 크게 확장할 수도 있다. 자율주행차는 운전의 필요 자체를 제거했다는 의미로 사회 전반의 복지 향상에 크게 기여할 수 있다. 특히 이동에 불편을 겪던 사람에게 줄 수 있는 혜택은 크게 증가할 것으로 예상된다. 눈이 침침해졌다거나 순발력이 떨어져 예전처럼 운전에 자신이 없어진 노년층들의 활동 반경은 자율주행 기술의 힘을 빌리면 크게 늘어난다. 따라서 자율주행 기술 발전이 약간 더뎌서 은퇴한 뒤에, 더 이상 출퇴근 지옥을 견딜 필요가 없는 연령대에 보급되더라도 너무 실망할 필요 없다.

교통 약자에게 혜택을 줄 수 있다는 면에서 복지 차원으로 자율주행차를 이용한 소형 운송 서비스를 제공할 수 있다. 자율주행차는 따로 인력이 필요하지 않으니까 관리만 잘해주면 된다. 마치 지금의 자전거 대여소를 만들 듯이 복지 향상을 위한 개인 운송 서비스가 가능해진다. 스마트폰으로 예약하고 정해진 장소에서 탑승해서 이동하고, 차들은 각자 스스로 적당한 위치에서 대기한다. 개인에게 기존의 운송 서비스와는 질적으로 차원이 다른 서비스가 제공된다.

'우버 금지' 사태에서 배워야 할 것

물론 사회적으로 준비되어 있을 때에만 기술의 성과가 실생활에서 만개할 수 있다. 자율주행차 역시 마찬가지다. 예를 들어 사람이 없는 차는 사고나 고장이 났을 경우 어떻게 대응해야 하는지 사회적으로 준비돼야만 한다. 주인 없는 차가 고장

나서 길에 서 있을 때 차량 통제권을 주인이 어떻게 양도할 것이며, 누구에게 양도할 것인지, 차량의 후처리는 어떻게 해야 하는지와 같은 의문 전부에 대해 사회가 준비된 답을 갖고 있어야 한다. 자율주행 기술이 완전해져서 홀로 회차가 가능한 순간이 도래했을 때를 대비해야만 한다.

몇 년 전에 자율주행차 기술은 아니지만 우버는 차량 공유 시스템을 제시했다. 이 새로운 형태의 경제 활동을 한국은 2015년 5월 일반 차량을 운송 사업에 이용할 수 없다는 법을 통과시켜 막았다. 그런데 더 큰 파도가 올 것이다. 차량 공유와 이를 이용한 여객 운송의 흐름은 자율주행 기술이 보급되는 순간 대폭발 할 것이다. 단지 언제냐가 문제다. 다음에 다가올 파도는 미리 준비해야 한다. 앞으로 수십 년 후라며 먼 미래의 일이라고 손 놓고 있다가는 수십 년 후에도 할 수 있는 일이 또다시 '법으로 금지' 말고는 없을 것이다.

05

자동차 회사의
걱정

차를 소유하지 않은 사람이 느끼는 불편이 줄어들수록 차량 소유 욕구는 갈수록 약해질 것이다. 기술은 공유 및 대여를 더욱 편리하도록 발전하고 있었고, 앞으로도 그럴 것이다. 한 보고서Automated Vehicle Report. RCN-D152381741에 따르면, 12만 대의 개인 소유 자동차는 1만 8,000대의 공유 자동차로 대체 가능하다고 한다. 필요한 차량 대수가 거의 5분의 1에 불과하다.

쉽게 말하자면 차량의 효율이 다섯 배 좋아지는 것이다. 이런 규모의 자원 절약은 어떤 형태로든 다른 영역에도 반드시 이익을 제공한다. 약간이나마 교통량이 줄어드는 효과가 있고 주차 공간 확보를 위해 덜 노력해도 된다.

하지만 무엇보다도 차량 생산량 자체를 줄임으로써 생기는 효과가 제일 크다. 대한민국에서만 꾸준히 한해에 약 70~80만 대 가량의 차가 폐차되고 있다. 많은 금속이 회수되고 부품별로 재활용이 되고 있지만, 아예 생산을 안 하는 것만큼 자원을 절약할 수는 없다.

필연적인 자동차 산업 축소

자동차 회사 입장에서 생각해 보자. 필요한 자동차 수가 줄어든다는 얘기는 자동차 판매 대수가 떨어진다는 것을 의미한다. 심각한 상황이다. 액면 그대로 차가 5분의 1밖에 안 팔린다면 자동차 회사는 지금 규모를 유지할 방법이 정말 하나도 없다. 재앙 수준이다. 개별 자동차 회사는 물론이고 전체 자동차 산업의 재편이 필요하다고 본다. 1900년 이전부터 지금까지 거의 성장 일로의 100년을 보낸 자동차 시장이 처음으로 대대적으로 축소될 가능성을 목전에 두고 있는 것이다.

1인 1자동차 시대라며, 자동차는 제품이 아니라 하나의 문화이기 때문에 자동차 판매 대수가 유지될지도 모른다는 순진한 얘기는 낄 자리가 없다. 이 정도 효율성 앞에서는 무기력하

다. 자동차는 기본적으로 고가다. 제품이 주는 편의와 필요 위에 소비 욕구가 발생한다. 이왕 구입할 거면 자신만의 것으로 하고 싶고, 이왕 사용할 거면 잘 사용하고 싶다. 순전한 문화적 지출이라도 음반 한 장, 책 한 권도 지갑을 꺼낼 때 다시 한 번 생각해보는 게 일반적인 소비자다. 자신의 차를 소유하지 않아도 큰 불편이 없다면 지금처럼 차량 구매욕을 느끼는 사람은 현저히 줄어들 것이다.

요컨대 미래에는 자율주행 기술이 자동차 산업을 선도할 것이고, 그 때문에 차량 수요 자체는 크게 줄어든다. 자동차 회사가 스스로 개발한 기술로 말미암아 일어날 변화가 자동차 산업의 축소라니 아이러니하다.

어쨌든 이와 같은 예상이 현실이 된다면 우선 몇몇 자율주행 기술을 따라잡지 못한 자동차 회사부터 도산하기 시작할 것이다. 이제 자율주행 기술을 개발하려고 수많은 메이저 자동차 회사들이 온 힘을 다하는 이유를 이해할 수 있다. 그들은 변화하는 시장에서 살아남기 위해 사활을 걸고 있다. 항상 신기술은 개발자에게 큰 이익을, 경쟁자에겐 인고의 시간을 선사한다. 하지만 자율주행 기술이 몰고 올 이번 파도는 거대하며 강력하다. 이번 파도를 따라잡지 못하고선 제아무리 거대한 자동차 회사라도 버텨내지 못할 것이다.

석유 산업과 농업에 미치는 영향

자동차 산업의 변화는 관련 산업의 변화도 반드시 수반한다. 예를 들어 자동차 산업과 뗄 수 없는 석유와 관련된 산업. 2017년 여름에 출간된 한 보고서Rethinking Transportation 2020-2030는 자동차의 완전 자율 시대가 열리고 나서 머지않아 세계 석유 하루 수요가 지금과 비교하여 절반 정도로 떨어질 것으로 예상하고 있다. 비록 개인의 차량 이용 욕구 자체가 감소하는 것은 아니지만, 차량 대수가 줄면 차량의 효율적인 관리가 가능하고 연비 향상 효과를 기대할 수 있기 때문에 에너지 효율은 좋아진다. 그에 따라 석유 소비도 줄어든다. 휘발유나 경유 외에도 차량 관리에 필요한 엔진 오일 따위의 부가 소비도 감소한다.

이와 같은 수요 감소는 석유 산업에도 변화를 가져올 것이다. 물론 석유 관련 산업은 규모가 방대하여 자동차 산업처럼 위기로 인식될 만큼의 큰 변화는 일어나지 않을 가능성이 많다. 석유 관련 산업은 원유를 만드는 석유 산업, 정제하여 제품을 만드는 정유 산업, 부산물로 여러 가지 화학 제품을 만드는 석유 화학 산업 등 기본 단계도 여럿일 뿐 아니라 관련 영역도 많아서 다른 산업과 얽히지 않은 부분이 거의 없다.

하지만 역으로 생각하면 이 석유 관련 산업을 매개로 자율주행 기술이 다른 영역에 변화를 야기한다고 볼 수도 있다. 제3세계의 에너지 소비량 증가에 따른 전 지구적 석유 소비 증가량을 자율주행 기술이 감소시킬 수 있다면, 그래서 석유 관련 제품 가격을 조금이라도 낮춘다면 석유 관련 제품을 재료로 만드는 다른 산업 분야에선 큰 호재로 작용할 것이다. 운송 및 수송 관련 에너지가 소비가 줄어든다면, 난방용 에너지 가격이 낮아질 수도 있다. 또 보다 싼 가격으로 화력 발전을 가동시킬 수도 있다.

자율주행 기술이 산업에 지대한 영향을 미칠 수 있는 가장 좋은 분야가 또 있는데 바로 농업이다. 먼저 농업 현장은 자율주행 기술이 초기에 정착하기 매우 좋은 환경이란 사실을 말하고 싶다. 통상적인 교통안전과는 동떨어진 환경이다. 고속 운행이나 돌발 상황 대처 같은 빠른 판단보다는 정밀도가 최우선이다. 작금의 로봇에겐 최적의 환경이다. 대부분의 농업용 차는 방향을 한 번 바꾸고 직선으로 긴 거리를 주행한 후 다시 방향을 한 번 바꾸고를 반복하는데, 기술자들에게 이처럼 좋은 환경은 없다. 가끔 멧돼지라도 나오면 곤란하려나?

그래서인지 시제품들이 2016년부터 꾸준히 나오는데 완성도가 상당하다. 전 세계의 여러 회사들이 자율주행 트랙터, 자율주행 콤바인 등을 시연하고 있는데 기기마다 차이는 있지만 GPS 기술로 정밀도를 만족시키며, 드론 등과 연계하여 여러 가지 농업 상황을 판단하고 스마트폰으로 제어할 수 있는 제품도 있다.

물론 이와 같은 기술 발전을 농업 분야가 기다리고 있다는 언급도 해야 한다. 많은 나라에서 줄어가는 농업 인구와 농업 인구의 고령화를 고민하고 있다. 만성적인 노동력 부족 문제가 늘 상존한다. 자율주행 기술은 이 문제의 해결책으로 기대를 받고 있다.

운수업의 퇴출

새로운 기술이 기존의 문제를 해결하고, 새로운 경험을 선사하며, 새로운 산업을 만들어 다양한 일자리를 창출하기만 하면 좋겠지만, 기술 발전이 늘 긍정적이지만은 않다. 안타깝게도 자율주행 기술이 일자리를 직접적으로 빼앗는 상황을 유발할 가능성이 높다. 가장 대표적으로 여객 운송과 관련된 수많은 직종이 사라질 위기다. 앞 장에서 이미 언급한 택시 말고도,

당장 아이들을 태우고 다니는 학원 차량을 생각해 보자. 자율 주행 기술 도입이 인건비를 절약해 준다. 대한민국 현행 학원 법에 따르면, 운전자 외에 안전을 위한 동승자가 아이들과 함께 탑승하도록 되어 있다. 자율주행차가 있으면 운전자 한 명의 인건비가 절약된다. 비용 절감이 절실한 소규모 사업장에서 자율주행차를 이용하지 않을 리 없다.

화물 운수업 사정도 크게 다르지 않다. 자율주행 기술이 아무리 비싸더라도 사람 한 명 인건비를 매달 절약할 수 있다면 매우 좋은 일이다. 기름을 많이 소모하는 장거리 수송의 경우 약간의 연비 상승도 큰 이익으로 귀결된다. 자율주행 기술을 이용한 고연비 운행은 더욱 환영받을 수밖에 없는 환경이다. 때문에 화물 운송 관련한 일자리도 빠르게 대체될 가능성이 높다.

자동차가 스스로 운전하는 기술이니까 자동차 운전과 관련된 직종을 대체하는 것은 당연한 얘기다. 하지만 변화가 당연하다고 해서 문제가 발생하지 않는 것은 아니다. 대한민국의 택시 면허 대수는 20만 대를 넘어간다. 한 세대가 채 바뀌지 않을 짧은 시간에 이들의 직업이 대체된다는 것은 20만 명의 실업자가 생긴다는 뜻과 다르지 않다. 화물차까지 생각하면 그

규모는 더욱 커진다. 국내에 등록된 영업용 화물차 수는 40만 대에 육박한다. 이중 자율주행에 크게 영향을 받으리라 예상되는 영업용 대형 트럭만 11만 대다. 이들 숫자에 버스 운전기사나 소규모 통학 버스 운전기사, 대리기사 등의 일자리를 굳이 더 언급하지 않아도 문제의 심각성을 짐작할 수 있다.

기술로 인한 실직, 사회의 변혁은 늘 있어 왔으니 거시적으로 보면 다 해결될 것이라는 안이한 전망을 가진 사람들도 있다. 하지만 그런 학문적 견지는 당장 일자리를 구하지 못해 곤란에 처한 개인에게는 의미 없는 말이다. '산업혁명', '기술 발전'과 같은 책 속의 글자만 보고 실재하는 빈곤과 고통을 잊으면 안 된다. 앞날을 예상하고 피해를 최소화하는 방향으로 행동할 수 있어야 한다.

변화는 곧 기회라며 앞날을 예견하여 돈을 벌려는 기업들 얘기뿐만 아니라, 변화가 곧 위기로 느껴질 수밖에 없는 개인에게도 관심을 가져야 한다. 특히 정부의 역할이 중요하다. 정부 차원에서 운송 산업으로 신규 면허를 제한하거나, 정부가 고용하는 운송 사업 일자리를 잘 보존하는 방법 등을 생각할 수 있지 않을까?

자율주행 기술의 양면성

그럼에도 불구하고 밝은 면을 더 얘기하고 싶은 것이 사람이다. 그러니 끝으로 조금만 더 해보자.

'필요'에 의한 자동차의 개인 소유가 줄어든다는 얘기는, 자가 자동차가 개개인의 요구에 맞춰 제작돼야 구매욕을 자극할 수 있단 의미다. 레저를 위한 소비와 필요를 위한 소비가 본격적으로 구별되는 것이다. 필요에 의해 자가용을 구입하는 사람은 거의 사라져서 아예 자동차 산업 자체가 차량 공유 업체에 차를 공급하는 형태로 바뀔 거라고 예상하는 사람도 있다.

차량 공유 산업이 성장하면 공유되는 수많은 자율주행차를 관리하는 자율주행차 관리 관련 직종이 생길 수도 있다. 문제가 생긴 자율주행차를 긴급하게 처리해야 하는 상황이 생길 경우, 주인 동의 없이 차에 접근할 수 있는 자격증이나 면허 제도가 마련될지도 모른다. 새로운 일자리도 분명히 생기긴 한다.

반대로 레저를 위한 자동차는 주문 후 제작되거나 그에 준하는 다품종 소량 생산 체계에 접어든다. 자동차 업계는 업계 나름대로 기존에 없던 형태의 차로 시장을 확대하고 소비자의 선택 폭은 더 넓어진다. 캠핑카 같은 승용차, 텐트 같은 자동차, 초근접거리 이동에 적합한 초소형 자동차 등 진짜 꿈꾸던 미래 사회에 걸맞은 여러 다양한 교통수단이 시장에 등장하지 않을까? 그냥 재미있는 상상이다.

III.

인공지능

01

인공지능은
이미 인간을 넘어섰나?

다가올 미래 기술에서 인공지능 얘기를 빼놓을 수 없다. 알파고가 인간계 최강인 이세돌 기사와의 대국에서 승리하면서 인공지능이 엄청난 이슈몰이를 했다. 하지만 역설적이게도 인공지능이 무엇인지 구체적으로 말할 수 있는 사람은 별로 없다. 전문가들이 하는 얘기가 서로 다르게 들리기도 한다. 사실 자율주행 기술과 달리 인공지능 기술은 구체적으로 상상하기 어렵다. 어떤 형태로 우리 앞에 서게 될지 장담하기 어렵다. 수많은 소설이나 영화마다 인공지능을 갖춘 로봇이 모두 다른 모습을 한 것도 당연하다. 어쩌면 이것은 '지능'을 구체적으로 설명하기가 어렵기 때문일 수도 있다.

따라서 인공지능 기술이 발전하면 어떤 변화가 찾아올지 예상하는 것보다 인공지능이 무엇인지 이해하는 일이 선행돼야 한다. 인공지능 기술의 의미가 무엇이고, 발전 정도는 어느 정도인지를 정확히 알아야 한다는 뜻이다. 모두가 동의할 수 있는 인공지능의 현실을 파악해야 한다. 그래야만 이후의 얘기가 의미 있을 것이다. '아주 먼 훗날 인간과 같은 로봇이 나올 거야' 하는 식의 뜬구름만 잡을 수는 없으니까 말이다.

21세기 인공지능 붐을 일으킨 주역 중 한 사람인 토론토 대학의 제프리 힌튼 교수의 2016년 인터뷰 역시 같은 맥락에서 이해할 수 있다. 그는 미래학자 레이 커즈와일이 저서 《특이점이 온다》에서 2029년이면 인공지능이 인간을 뛰어넘는 '특이점Singularity'이 온다고 주장한 데 대해 어떻게 생각하냐고 묻자 이렇게 답했다. "AI 분야에서 5년 후를 넘는 미래를 예측한다는 건 굉장히 어려운 일이다. 커즈와일이 그렇게 정확하게 예측할 수 있다는 사실이 인상 깊다."

신경망, 딥러닝, 학습

인공지능이라는 말이 지닌 원래 의미는 어마어마하게 방대하다. 본격적으로 인공지능이라는 말이 사용된 것이 대략 1950년 대부터다. 하지만 요즘 폭발적인 관심을 끌고 있는 것은 그중에 매우 일부다. 이들의 특징을 딱 세 단어로 집약할 수 있는데, 바로 신경망neural network과 딥러닝deep learning, 그리고 학습이다.

인공지능을 설명하는 데에 신경망이라는 말을 사용하는 이유는 이 기술이 인간 뇌의 신경망을 모방했기 때문이다. 인간의 뇌는 뉴런이라 불리는 신경세포들이 서로 복잡하게 망을 형성하고 있다. 이 세포들끼리 주고받는 전기 신호가 뇌에서 중요한 역할을 한다. 아직 뇌의 기작이 100% 밝혀지지는 않았지만 이것만큼은 확실하다.

인간처럼 지능을 가지려면 인간을 모방해야 한다고 생각하는 게 당연하다. 1950년대에 이미 이와 같은 생각을 품은 선구자들이 있었다. 그들은 마치 뉴런이 받은 자극을 다른 뉴런에게 전달하듯 연산하는 프로그래밍 기법을 생각해냈다. 어떤 변수에 특정 데이터가 입력되면 그 변수는 자기와 망을 이루고 있는 여러 다른 변수들에게 이 데이터를 전달한다. 신경세포들이 서로 복잡하게 자극을 주고받듯 변수들끼리 서로 영향을 주고받도록 설계하는 것이다.

하지만 초기에는 아이디어만큼 훌륭하게 기술이 실현되지

못했다. 여러 가지 문제점들이 있었기 때문이다. 오랜 세월을 거치면서 각종 신경망 기술이 고안됐지만 이론에 그치거나 성공적으로 작동하지 않았다. 충분하지 못한 컴퓨터의 성능도 큰 걸림돌이었다.

21세기 들어서 컴퓨터 기술의 발전과 함께 관련 이론도 크게 발전하고 나서야 겨우 성공적으로 구현되기 시작했다. 우선 인공 신경망을 실제 신경세포처럼 복잡하게 설계해도 계산할 수 있는 컴퓨터가 개발됐다. 신경망을 단계적으로 복잡하게 설계하는 것을 '층을 쌓는다'고 표현한다. 이때 생기는 몇몇 문제들을 해결할 수 있는 돌파구가 마련됐다. 망을 여러 층 쌓아서, 즉 깊게 쌓아서 신경망을 만들어 보다 좋은 성능이 되도록 만든 기술이 바로 '딥러닝'이다. 그러니까 딥러닝은 신경망 기반의 여러 인공지능 기술 중 최근에 가장 크게 성공한 것을 일컫는 말이다.

마지막으로 최근의 인공지능의 특성을 파악하고 그 능력을 짐작하기 위해서 반드시 이해해야 되는 단어는 러닝, 즉 학습이다. 학습은 신경망 이론의 핵심이다. 신경망 이론 기반 소프트웨어를 제대로 구현하기 위해 인간의 학습과 유사한 과정을 거치는데, 이것은 여타의 다른 기계들과 크게 다른 점이다. 보통 거의 모든 기계들은 적당히 작동하기 위해 인간이 적당한 조건을 미리 알아내서 입력해야 한다. 학습은 '인간'이 한다. 전기밥솥을 예로 들면, 전기밥솥에는 이미 맛있게 밥 짓는 법이 입력돼 있다. 기술자들은 맛있는 밥을 하는 방법을 제품 개발 과정에서 시행착오를 거쳐 알아낸다.

하지만 신경망 베이스 인공지능은 다르다. 신경망 이론에는 수많은 변수들이 사용돼 사람이 하나하나 기계한테 작동 방법을 입력해 줄 수 없다. 변수들이 서로 어떻게 영향을 주고받는지가 신경망의 핵심인데, 변수들도, 망도 그 수가 너무 많다. 신경망 이론을 기반으로 한 인공지능은 변수들 사이의 관계를 학습을 통해 정한다.

다시 전기밥솥을 예로 들면, 밥을 지어보고 밥이 잘되면 그 방향으로 신경망의 연결을 강화하고, 만약 밥을 망치면 그 방향 연결을 약화시키는 식이다. 이때 연결을 강화하거나 약화시키는 작업을 기계 스스로 한다. 그래서 학습이라고 부르는 것이다. 인간은 오로지 '학습의 원리'만을 결정한다. 충분히 많은 시행착오를 거치면 밥 짓는 방법은 충분히 완전해진다.

인간처럼 판단하는 능력

이렇게 학습을 통해 완전해진 기계는 기존 기계와는 질적으로 다른 능력을 갖게 된다. 다시 밥솥의 예로 돌아가자. 인공지능 전기밥솥을 만들려고 멀쩡한 쌀을 버려가며 학습하지는 않는다. 인간이 학습하여 기계에 입력하는 단순한 방법은 대단히 훌륭하며 훨씬 효율적이다. 하지만 그 훌륭한 전기밥솥은 정해진 대로만 움직인다. 어느 날 쌀에 조를 섞었다거나 쌀에 콩을 섞었을 경우 밥솥은 변화에 적응하지 못한다. 하지만 제대로 학습한 딥러닝 전기밥솥은 다르다. 여러 가지 경우에 대해 수많은 시행착오를 거치면서 어떻게 해야 좋은 밥이 나오는지 잘 알고 있다. 재료가 다소 변해서 재료의 반응이 다르더라도 적당히 적응하여 최상의 밥을 만든다.

예상하지 못한 상황에 대한 판단력. 이것이 딥러닝 인공지능이 가진 놀라운 능력의 핵심이다. 진짜 판단력이라고 불러도 전혀 손색이 없다. 전기밥솥을 옆으로 치우고, 실제 딥러닝이 널리 이용되는 분야의 예를 들어보자.

딥러닝은 이미지 인식 분야에 엄청난 발전을 가져왔다. 딥러닝 기술의 작동은 다음과 같은 식으로 일어난다. 수많은 고양이 그림을 이용해 이것이 고양이라고 기계에 학습시킨다. 고양이는 눈이 두 개고 다리가 몇 개이며 하는 식의 분류법이나 조건문을 기계에 입력하는 것이 아니다. 고양이가 그림에 있을 경우 어떤 식으로 나타날 것이라는 인간의 판단이 입력된 것도 아니다. 그저 수많은 고양이 그림을 디지털화해서 딥러닝 기반 이미지 인식 프로그램에 입력한다. 신경망은 자신이 갖고 있는 학습법에 따라 고양이라고 판단할 수 있는 신경망을 강화한다. 학습이 많이 이뤄질수록 고양이 그림을 고양이라고 판단하는 능력이 점점 좋아진다. 그렇게 학습을 끝낸 딥러닝 기반 인공지능은 놀라운 능력을 갖게 된다. 이제 인공지능은 처음 보는 고양이 사진도 고양이라고 판단할 수 있다.

이 놀라운 얘기가 진실이다. 딥러닝의 센세이셔널한 데뷔가 증거다. 2012년 국제적인 이미지 인식 경진 대회에서 딥러닝 기반 인공지능은 세상을 놀라게 했다. 이미지 인식 경진 대회는 컴퓨터가 이미지를 얼마나 제대로 인식하는지 겨룬다. 제시된 이미지가 풍선인지 포도인지 따위를 맞추는 대회다. 2012년 사람들을 놀라게 했던 것은 딥러닝을 이용한 그해 우승 팀의 압도적인 기록이다. 기존 우승 팀들의 에러율은 25% 정도에 머물렀는데 이 팀은 16%라는 놀라운 성적을 얻었다. 제프리 힌튼 교수가 이끄는 '슈퍼비전'이라는 팀이었는데 자그마치 첫

출전이었다. 딥러닝 기술을 이용한 덕에 요즘 기계는 인간에 필적할 만큼 에러율이 낮아졌다. 흔히 인간의 오류율이 5% 정도로 알려져 있는데 2016년 같은 대회에 출전한 한국의 한 연구진은 에러율 3.567%를 기록하여 세계 6위를 차지했다.

딥러닝의 관건, 학습 방법

인공지능이 학습하는 방법은 정말 다양하다. 학습은 매우 중요한 부분이기 때문에 여러 방법이 고안됐고 지금도 계속 발전하고 있다. 애초에 딥러닝이 기존의 신경망 인공지능을 뛰어넘을 수 있었던 것도 학습법에 진보가 있었기 때문이다. 딥러닝은 학습을 해야만 능력을 발휘할 수 있기 때문에 상황에 따른 여러 가지 학습법이 개발되고 있다.

그런데 관점을 바꾸면 딥러닝에게 학습은 약점이 된다. 학습이 쉽지 않다면 능력을 발휘할 수 없다. 컴퓨터에게 엄청난 기억 용량, 지치지 않는 체력, 놀라운 연산 속도가 있어도 학습이 이뤄지지 못하면 허수아비다. 그리고 실제로 학습은 쉽지 않다. 학습법이 개발돼야 한다는 것 자체도 학습이 쉽지 않다는 방증이다. 여러 가지 기술 문제들이 있고, 하나씩 극복되고 있긴 하다. 하지만 학습이 쉽지 않은 가장 근본 문제는 절대 바뀌지 않는데, 그건 바로 세상에는 학습해야 하는 것들이 너무나 다양하다는 것이다.

현재의 인공지능은 아직 분야를 넘나드는 능력을 보이지는 못했다. 바둑을 하는 녀석은 바둑만 잘하고, 이미지 인식을 하는 녀석은 이미지만 잘 본다. 아니 바둑도 한 변이 19칸으로 이뤄져야 잘한다. 갑자기 20칸으로 이뤄진 데서 한판 두자고 덤비면 이 녀석은 다시 학습하겠다면서 치사하게 하루 학습하고 올 것이다. 물론 학습 후엔 또 최강자가 되겠지만.

이처럼 특정 분야에서만 활동하는 인공지능을 '약인공지능'이라고 한다. 이에 반해 모든 분야를 아우르며 판단할 수 있는 인공지능을 '강인공지능'이라고 부른다.

이 책은 주로 '약인공지능'을 다룰 예정이다. 두 가지 이유가 있다. 첫째, '강인공지능'은 아직 모습을 드러내지 않아서 이와 관련된 앞날을 예측하기에 조심스럽다. 몇몇 선구자적인 관련 연구가 있지만, 아직 실제로 어떤 식으로 구현될지 판단하기에는 정보가 부족하다.

둘째, '약인공지능'은 이미 여러 분야에 쓰여 크고 작은 변화를 만들고 있기에 제대로 살펴볼 가치가 있다. 실제로 딥러닝이 본격 활용되고 있는 분야도 있다. 이미 적용된 사례들은 기술의 특징을 이해하고 효용을 가늠하는 데에 큰 도움이 된다. 인공지능이 앞으로는 어떤 분야에서 큰 활약을 할 지, 어떤 경우 인공지능의 도입이 용이하고 효과적인지 등에 대해 이제 구체적으로 알아보도록 하자.

02

'아이로봇'이
현실에 나타나려면

인공 신경망을 기반으로 한 인공지능에게 '기계 학습machine learning'은 중요하기도 하고, 또 정말 까다롭기도 하다. 기계가 스스로 학습한다면 기술자는 별로 할 일이 없다고 쉽게 생각하는 사람도 있지만 진실은 반대다. 기계가 스스로 학습하는 기술은 최고급 기술 중 하나다. 제대로 기계를 학습시키려면 프로그래밍 기법과 통계에 능통해야 할 뿐아니라 그 외에 많은 것에 신경 쓸 수 있어야 한다.

기계 학습이 어렵다는 점은 이세돌을 이긴 알파고의 사례에서도 드러난다. 알파고는 10만 개가 넘는 기보를 이용해 학습한 후 수 주 동안 100만 건이 넘는 대국을 스스로 두며 학습했

다. 인간은 흉내조차 낼 수 없는 데이터량이다. 인간과 달리 기계는 순식간에 너무 쉽게 학습하는 것이 아닌가 생각할 수도 있다. 하지만 역으로 생각해야 한다. 인간을 이기려면 저렇게 많이 학습해야 한다. 슈퍼컴퓨터급의 연산 장치를 이용해 박사급 연구원들이 매달린 후에야 겨우 학습이 가능하다. 게다가 바둑이 기계 학습에 유리한 몇몇 조건을 갖고 있었다는 점까지 고려하면 기계 학습이 얼마나 어려운지 감이 잡힌다.

딥러닝의 조건 1: 데이터의 디지털화

바둑은 인공지능이 도전하기에 사뭇 좋은 조건을 갖고 있다. 다소 역설적이라고 느껴진다. 상당히 오랜 기간 컴퓨터가 인간을 상대로 승리하지 못한 종목이 바로 바둑이니까 말이다. 하지만 사실이다. 바둑이 지닌 몇몇 특성은 인공지능 개발자에게 많은 도움이 된다. 그 첫째가 바로 바둑의 모든 사건이 19×19칸 안에서 일어난다는 점이다. 물론 총 361칸을 이용해 두 기사가 만들어 내는 경우의 수는 인간에게는 무한에 가까울 정도로 많다. 하지만 생각을 바꿔보면 바둑은 언제 어느 순간이든 한 변이 19인 매우 작은 이미지 그 자체다. 16×16 픽셀로 이뤄진 가장 작은 윈도우 아이콘보다 조금 큰 수준이다. 게다가 색깔은 흑이거나 백, 혹은 비어 있는 세 가지 경우 밖에 없다. 바둑은 매 순간 완벽하게 그리고 너무나도 쉽게 디지털화된다. 요컨대 바둑은 여러모로 컴퓨터가 다루기 편한 형태의 데이터로 표현된다.

물론 데이터를 디지털화하는 일은 시작에 불과하다. 하지만 데이터의 디지털화가 쉽지 않다면 일은 시작부터 어려운 셈이다. 예를 들어 딥러닝을 이용한 번역 앱 '파파고'의 개발자 인터뷰에 따르면, 보통 문장을 1,000차원의 벡터로 표현한다고 한다. 단어를 몇 차원으로 표현할 것인가에 따라 프로그램이 완전히 달라진다고도 한다. 인간이 사용하는 언어를 일단 인공신경망이 다룰 수 있는 형태로 바꾸는 일부터 고민거리란 얘기다. 전문가들에겐 쉬운 문제일지 몰라도 사실 보통 사람들에겐 멀쩡한 언어를 1,000차원 벡터로 표현한다는 것 자체도 미스터리한 일이다.

컴퓨터가 알아들을 수 있는 형식으로 데이터를 디지털화했다고 해도, 이 데이터의 용량이 어마어마하게 크다면 그 또한 문제가 된다. 어렵지 않게 예를 찾을 수 있다. 일기 예보에 사용되는 데이터는 기가바이트를 훌쩍 넘어선다. 인공지능이 머지않아 정확한 일기 예보를 제공하리라 생각하는 사람들이 있겠지만, 그렇게 간단한 일이 아니다. 기상청이 다루는 데이터는 그 자체가 이미 슈퍼컴퓨터가 필수인 수준이다. 이 데이터를 이용해 미래를 예측하는 시스템을 만든다? 알파고는 바둑을 고작 총 361칸의 이미지로 치환하여 작업했는데도 불구하고 슈퍼컴퓨터급 연산이 필요했다는 점을 상기해보자.

딥러닝의 조건 2: 명확한 답이 있어야 한다

학습이 용이하려면 갖춰야 하는 또 한 가지 조건이 바로 쉬운 채점 기준이다. 바둑은 승패가 존재한다는 면에서 기준이 명확하다. 각종 컴퓨터 게임도 점수라는 매우 좋은 기준이 있다. 이를 바탕으로 컴퓨터가 가치 판단을 내리게 하면 된다. 이미지를 분류하는 일도 마찬가지다. 이미지 속 고양이가 진짜 고양이인지 아닌지 진실은 명확하다. 물론 이미지 자체가 충분한 정보를 주지 않을 경우를 제외하고는 말이다. 컴퓨터가 옳게 판단했는지 아닌지 채점할 수 있다. 심지어 예술 작품도 마찬가지다. 이것이 고흐의 작품인지, 세잔의 작품인지 얼마든지 분류할 수 있다. 답이 명확하면 학습은 별 무리가 없다.

역으로 채점 기준이 명확하지 않다면 어떨까? 아주 간단한 예로, 번역을 학습시킨다고 하자. 만약 학습시키는 사람의 개인 취향이 어투나 문구에 반영된다면 번역의 결과물이 편향될 가능성이 존재한다. 번역 학습용 데이터가 시기적으로 약간 오래된 글들로 치우쳐 있거나 딱딱한 공문서에 비정상적으로 높은 비중을 두거나 하는 일은 쉽게 일어날 수 있다.

이 얘기는 기술을 넘어 다소 근본적인 부분도 포함하고 있다. 답이 정해지지 않은 것을 가르치는 것은 의미 없는 짓일 수 있다는 얘기다. 컴퓨터에게 어떤 예술 작품이 더 뛰어난지 가르칠 방법은 없다. 인간들도 채점 기준이 없기 때문이다. 정해진 답이 없다면 학습은 공정할 수 없다. 학습 방법에 따라 인공지능이 다른 답을 도출한다면 그 답은 따져볼 것도 없이 무의미하다.

인공지능이 판사를 대신할 것이란 예상도 이런 맥락에서 보면 조금은 비관적이다. 애초에 모든 사람이 동의하는 훌륭한 판결이란 없다. 설령 그런 것이 있다고 해도 시대에 따라 기준이 바뀐다. 어떻게 학습해야 좋은지 판단하는 것이 재판보다 더 어려울 지경이다.

딥러닝의 조건3: 풍부한 데이터

마지막으로 딥러닝은 학습할 수 있는 많은 데이터가 필요하다는 점을 알아야 한다. 답과 상관없이 분류를 하거나 스스로 답을 찾아가는 학습을 하는 경우도 있다. 하지만 답이 있는 문제를 이용한 학습법이 종종 필요하다. 이를 '지도 학습'이라고 부르는데, 학습을 잘하려면 많은 양의 데이터가 필요하다. 바둑은 이런 면에서도 유리하다. 이미 엄청나게 많은 양의 기보가 준비돼 있었기 때문이다. 온라인 바둑이 활성화된 덕에 많은 양의 기보 데이터가 전산화돼 있었다. 알파고의 경우 16만 개의 기보를 처음 학습하는 데에 사용했다.

데이터의 양이 얼마나 중요한지 알려주는 매우 유명한 일화가 있다. 딥러닝 개발 초기 있었던 일이다. 스탠퍼드대학교의 페이페이 리Fei-Fei Li 교수는 2007년 사진을 분류하는 프로젝트를 시작했다. 리 교수는 컴퓨터에게 학습을 시키려면 컴퓨터가 이해할 수 있도록 설명이 달린 이미지가 필요하다는 것을, 그것도 아주 많이 필요하다는 것을 이해하고 처음으로 행동에 옮긴 인물이었다.

당시만 해도 사람들은 이 일의 중요성을 이해하지 못했다. 동료 교수들은 논문을 쓸 수 있는 다른 프로젝트를 하는 것이 어떠냐고 충고하기도 했단다. 그렇지만 각고의 노력 끝에 2년 동안 공을 들여 2만 2,000여 개의 범주를 지닌 1,500만 장의 이미지 데이터베이스를 갖게 됐다. 리 교수는 이를 모든 개발자들이 사용할 수 있도록 공개했다.

일단 이렇게 학습용 데이터베이스가 완성되고 나니 이제 인공지능의 이미지 인식 능력은 이를 바탕으로 비약적인 발전을 할 수 있었다. 리 교수가 진행했던 프로젝트 이름은 '이미지넷 ImageNet'인데, 2012년 힌튼 교수가 딥러닝 기술을 이용해 충격적인 데뷔를 했던 이미지 인식 대회의 주최가 바로 이 프로젝트의 일환이다.

딥러닝 기술의 가능성

학습이 잘 된 딥러닝은 놀라운 능력을 발휘했다. 특히 이미지 인식 분야의 발전은 아무리 강조해도 과하지 않다. 리 교수가 이제 컴퓨터에게 보는 법을 가르쳤다고 평가할 정도가 됐다. 이 말은 조금도 거짓이 아니다. 이미지 인식 기술은 빠르고 광범위하게 실전에 배치됐다. 어느새 수많은 사람들이 경험하고 있다. 솔직히 이제 새롭지도 않다. 이미 친숙한 많은 회사들, 페이스북, 구글 포토, 애플의 아이폰 등이 안면 인식 기술을 적극 활용하고 있다.

인지해서 인식하는 기술에 새로운 장이 열렸다. 컴퓨터가 보는 법을 익혔다는 것은 읽는 법 역시 마스터가 가능하다는 뜻이다. 데이터의 형태는 다르더라도 듣는 법, 말하는 법도 못 배울 리 없다. 실제로 음성 인식 기술도 크게 발전했다.

이 모든 발전을 한마디로 표현하면, 컴퓨터가 인간의 오감을 대체할 수 있다는 것이다. 인식 기술이 조금만 더 완전해지면, 인간의 오감에 의지하던 모든 분야에 적용할 수 있다. 따라서 응용할 수 있는 분야가 매우 많다. 필요 이상 인간을 넘는 놀라운 인공지능을 기다릴 필요도 없다. 강인공지능이 나와서 인류를 멸망시킬 것이란 상상 말고도 당장 일어날 변화에 대해서만도 생각할 것이 너무나 많다는 얘기다.

얼마나 많은 분야에서 이 특화된 인공지능이 놀라운 일을 할지 쉽게 가늠하기 힘들다. 잘 학습된 인공지능이 CCTV 화면을 보고 지명수배자를 자동으로 파악할 수 있다면 어떨까? 문앞에 사람이 찾아오면 자동으로 누군지 알려주는 시스템도 구축 가능하다. 피서지나 광장에 사람들이 많이 모였을 때 총인원을 측정하는 데에 사용될 수도 있다.

요컨대 딥러닝 기반의 인공지능이라는 새로운 기능을 갖춘 컴퓨터가 막 나온 셈이다. 신기술이니만큼 응용 분야가 상당히 넓을 것이다. 따라서 아직 전문가나 기술자가 상상하지 못한 것들이 있을 가능성이 적지 않다. 그런데 이 딥러닝은 학습에 용이한 많은 양의 데이터를 요구한다. 직장 생활이나 사업 구상 따위를 하면서 주변에 이 조건을 만족시키는 데이터가 있는지 한 번 쯤 살펴보길 권한다. 꼭 사람이 해야 하는데 24시간 사람이 지키고 있기가 부담되는 일이라든가, 아니면 작업량이 너무 많아서 사람을 시키면 시간이 너무 오래 걸린다든가 하는 일들을 잘 관찰하면 금맥을 캐게 될지도 모른다. 좋은 아이디어는 누구에게서 언제 나올지 아무도 모른다.

03

정말 의사가
사라질까?

알파고가 이세돌에게 승리를 거둔 일은 기술적 성취 이상의 영향을 사회에 미친 큰 사건이다. 사람들은 인공지능의 놀라운 능력에 충격을 받았다. 인간이 언제나 승리를 거두던 종목에서 패배했기 때문이다. 그것도 자신들이 가장 자신 있어 하던 고등 지능 영역에서 말이다. 사람들은 기계가 훌륭히 판단하는 모습을 지켜봤다. 여태는 지적으로 고도의 훈련을 거친 인간만 할 수 있던 일들이다.

사람들은 즉각적으로 반응했다. 그간 인간의 전유물이라 생각했던 모든 것들을 재고하기 시작했다. 고도의 지적 훈련이 필요한 영역들이 그 대상이 됐다. 소위 전문직이 도마 위에 올

랐다.

특히 인공지능 의사에 관한 논란은 상당히 격하게 그리고 진지하게 이뤄졌다. 이건 우리나라만의 현상이 아니다. 세계적인 흐름이다. 이미 바둑에서 컴퓨터가 인간에게 승리를 거두기 한참 전인 2012년에 세계 의사의 80%가 알고리즘으로 대체될 것이라고 주장한 실리콘 밸리의 사업가가 있었다. 당시 그의 주장은 관련 업계에서 큰 논란이 됐었는데 알파고와 이세돌의 대국 덕분에 대중들은 다시 이 논란에 큰 관심을 보였다. 알파고의 승리 덕분에 사람들이 긍정적으로 반응한 것은 물론이다.

의사가 도마 위에 오른 이유

왜 하필 판사나 세무사와 같은 다른 전문직은 다 차치하고 의사에 대해서만 얘기가 많을까? 똑같이 전문적인 판단을 요하는 직군이지만, 의사만이 갖고 있는 몇 가지 고유한 특징이 있다. 이 특징들은 하나같이 인공지능이 학습하기에 좋은 조건이다.

첫째, 의료 데이터의 상당 부분은 아주 잘 전산화돼 있다. 현대 의료 행위의 상당 부분은 수치화된 측정과 기록을 바탕으로 한다. 의사들은 혈액 검사, 심전도 등 각종 생체 신호들을 얻어서 활용한다. 또 MRI, X-ray 등 많은 종류의 영상을 상황에 맞게 분석한다. 이는 인공지능 알고리즘 개발에 매우 수월한 조건이다. 누군가가 따로 노력하지 않아도 데이터가 확보돼 있는 것이다.

덕분인지 실제로 심전도를 이용해 심장 발작을 예측하는 시스템에 대한 연구는 최근의 인공지능 연구보다 훨씬 더 이전에 있었다. 이미 1997년 테스트를 진행해서 전문의 수준의 훌륭한 결과를 보였다는 결과가 조용히 발표된 적이 있다.

둘째, 의학적인 진단은 정해진 정답이 있어서 채점이 가능하다. 의학적 소견에는 주관적인 가치 판단이 들어가는 경우가 많지 않다. 따라서 기계 학습이 명확히 가능하다. 예를 들어 심전도를 판독한다고 하면 환자가 심장 발작을 일으켰는지 아닌지는 진단 이후 시간이 지나 명확히 정해진다. 어떤 환자가 심장 발작을 일으켰지만 안 일으키기도 한 경우는 사실상 없다.

이와 같은 이유로 훌륭한 인공지능 의사가 나올 확률은 다른 여타의 전문직 직종에 비해 훨씬 높다. 삶과 죽음을 관장하는 제일 중요한 문제에 오히려 인공지능 도입이 용이하다니 약간 아이러니하다.

인공지능이라도 의사와 같은 능력이 필요

사람들은 인공지능 의사의 무게감을 잘 모를 때가 있다. 그냥 컴퓨터가 의사를 '조금' 도와준다고 생각하는 것 같다. 하지만 의사라고 하려면 훨씬 더 중요한 역할을 해야 한다. 인공지능을 의사라고 부르려면 진짜 의사의 능력을 갖고 있어야 한다. 진단할 능력이 있어야 한다. 진단을 도와주는 정도로는 의미가 없다. 의사는 진단을, 판단을 스스로 직접 내릴 수 있어야 한다. X-ray 사진을 보고 어디에 어느 정도 염좌가 있다고 정확히 짚어 주는 역할을 할 수 있는 게 진짜 의사다. 인간 의사에게 어떤 가능성이 있는지 참고 자료를 나열하는 부가 서비스 수준을 넘어서야 한다. 인공지능 의사의 필수요건이자 궁극의 목표다.

당연히 이 목표는 진단과 치료법의 정확성을 바탕으로 이뤄진다. 정확도가 높을수록 사람들이 신뢰하는 것은 당연하다. 반대로 돌팔이마냥 매번 틀리기만 하면 누구의 믿음도 얻을 수 없다. 이것은 인간 의사에게도 똑같이 적용되는 이야기다. 물론 인간 의사는 국가가 관장하는 자격시험을 보거나 동료 의사들의 인정을 통해 신뢰를 확보한다. 하지만 인공지능 의사에게 그런 인증은 없다. 진짜 실력으로 신뢰를 얻는 수밖에 없다.

그런데 요즘 많은 사람들이 인공지능 의사의 능력이 이런 경지에 이르렀거나 혹은 거의 이르렀다고 주장한다. 특히 몇몇 특화된 영역에서 놀랄만한 능력을 보여준다는 연구 결과들이 쏟아지고 있다.

2015년 존스홉킨스 대학의 연구진은 수많은 데이터를 이용해 패혈성 쇼크를 미리 예측할 수 있는 방법을 고안했다. 패혈성 쇼크는 쉽게 말해서 패혈증 때문에 목숨이 위태로운 순간을 의미한다. 따라서 쇼크가 오면 최대한 빨리 강력한 항생제를 사용해야 한다. 만약 쇼크가 올 것을 조금이라도 미리 알게 된다면 엄청난 도움이 될 것이 분명하다. 이 연구진은 상당히 훌륭한 결과를 만들었다고 자평하고 있다.

영상 기록을 진단에 활용하는 영역에서 보고되는 바는 더욱 화려하다. 구글은 유방암 진단을 위해 세포 사진을 분석할 수 있는 인공지능을 개발했다. 그리고 2017년 병리학자와의 분석 대결에서 승리했다.

2017년에는 가천대 길병원에서 '왓슨 포 온콜로지Watson for Oncology'라는 인공지능 의사가 실제 현장에 투입됐다. 아직은 의사를 보조하는 역할을 하는 것이 분명하다. 하지만 투입 결과는 눈여겨 볼만하다. 2017년 말 알려진 바에 의하면, 대장암 환자에게 제시한 제1순위 치료법이 인간 의사와 일치한 경우가 55.9%에 달했다. 2순위 치료법까지 확대하면 78.8%에 이르렀다고 한다. 비슷한 시기 인도의 매니펄병원Manipal Hospital에서 공개한 데이터도 크게 다르지 않다. 몇몇 종류의 암에 관해서는 85%까지 정확도가 치솟았다.

계단식 변화의 도래

정도의 문제를 빼놓고 생각할 수 없다. 지금은 정확도가 떨어지기 때문에 의사를 보조해 주는 것에 불과하다. 하지만 정확도가 점점 높아져 인간과 비슷해지면 그다음 의사와 환자는 어떻게 생각할까? 인공지능의 성능이 인간 의사의 평균과 같아졌다고 가정해 보자. 의사의 진단 정확도는 평균적으로 그렇다는 것을 의미할 뿐이다. 지금 바로 앞의 의사가 실수하는지 아닌지 돌팔이인지 아닌지는 장담할 수 없다. 환자가 어떤 의사를 선택할 지는 호불호의 영역으로 넘어간다. 의사 역시 자신의 판단을 진지하게 여러 번 곱씹어 볼 가능성이 높다. 자신이 의사들의 평균 만큼 훌륭한 결정자와 다른 결론을 내리는 걸 부담스럽게 여기지 않을 사람은 많지 않다.

그런데 여기서 아주 약간이라도 인공지능의 정확도가 더 좋아지면 상황은 완전 다르게 전개된다. 인공지능은 그 즉시 인간을 보조하는 역할에서 벗어난다. 인공지능이 인간 평균을 넘는 순간 인간의 진단은 현장에서 쓰일 이유가 없어진다. 아주 단순하다. 인간과 컴퓨터의 결론이 같을 때는 그 결론을 그냥 따르면 된다. 만약 두 결론이 다르면 둘 중 더 훌륭한 쪽을 따르는 것이 옳은데 컴퓨터가 더 훌륭하니 컴퓨터를 따르면 된다.

인간은 언제나 실수를 할 수 있는 존재다. 심지어 여럿이 머리를 맞대고도 다 같이 실수를 하는 존재가 인간이다. 하지만 컴퓨터는 언제나 일정하다. 항상성이 가장 큰 장점 중 하나다. 컴퓨터가 인간을 조금이라도 앞지르면 그 이후부터는 인간과 컴퓨터가 다른 결론을 내렸을 때 어느 쪽을 먼저 의심해야 하는지는 논리적으로 자명하다.

변화는 순식간에 찾아올 것이다. 에스컬레이터 같은 부드러운 이동보다는 계단식 변화가 올 가능성이 높다. 통계적으로 인공지능의 결과가 점점 좋아지고 인간보다 컴퓨터를 믿어서 더 좋은 결과가 실제로 나왔을 경우, 추는 급격히 기울 것이다. 인공지능 의사를 보유한 병원이나 회사에서 엄청난 마케팅을 펼쳐 이 움직임에 박차를 가하지 않을까.

변화의 흐름을 거스르기는 힘들 것이다. 이 흐름의 바탕은 결국 신뢰도이고 신뢰는 여러 사람, 즉 환자들이 만든다. 그런데 환자들은 기술에 대한 거부감이 의사들보다 더욱 없다. 왓슨을 도입한 가천대 의료진에 따르면, 인공지능 진료에 대한 환자의 만족도가 대단히 높다고 한다. 거기에 더해 환자가 의사가 제시한 처방 말고 컴퓨터가 제시한 치료법을 선택하는 경우도 있다고 했다.

지금 인간 의사와 의견 일치율이 80%도 되지 않았는데 벌써 이런 일이 벌어졌다. 일치율이 90%가 넘어가면 어떤 일이 일어날지 어렵지 않게 상상할 수 있다. 한번 환자들의 신뢰가 한쪽으로 기울기 시작하면 그것을 되돌리는 일은 사실상 불가능하다.

물론 지금 당장의 일은 아니다. 순전히 의학적으로도 지금 당장은 의사가 훨씬 더 훌륭하다. 가장 정확한 진단은 분야의 전문가 여럿이 의견 교환을 통해 내리는 것이다. 일단 인공지능 의사의 평가 기준도 인간 의사와 의견 일치율이니까. 그렇지만 시간은 인공지능의 편이다. 인공지능 기술은 점점 발전하고 있다. 왓슨만 해도 해가 다르게 정확도가 올라가고 있다고 한다. 신뢰의 저울에 변화가 언제 올지 섣불리 예측하긴 힘들다. 하지만 변화가 찾아오지 않을 것이라고 말하기란 더 힘들다.

04

인간 의사는
무엇을 하나?

인공지능이 의료계를 크게 바꿀 것은 자명하다. 얼마나 빨리, 어느 정도까지 변할지가 문제일 뿐이다. 따라서 많은 의료계 종사자들이 앞날에 대한 불확실성에 직면해 있다. 몇몇 분야에서는 벌써 강한 반응을 보이고 있다. 인공지능이 가장 뛰어난 성능을 보이는 부분, 영상 판독과 관련된 분야에서는 이미 관련 종사자들의 위기감이 팽배하다. 2017년 여름 김승협 대한영상의학회 회장의 인터뷰를 보면 위기감이 상당할 뿐 아니라 이미 의사들의 달라진 역할을 고민하는 흔적이 느껴진다. 그는 인간 수준을 넘어선 기계를 인정하고, 경쟁보다는 다른 방안을 모색해야 한다는 의견을 제시하며 "기계와 같은 일을 해서는 무조건 진다"라고 말했다.

상황이 이러니 의료계의 앞날이 어떨지 궁금하지 않을 수 없다. 미래 예측은 매우 어려운 일이지만 합리적인 추론을 바탕으로 하기만 한다면 대략의 그림을 그릴 수 있다. 그리 멀지 않은 미래, 그리고 조금 더 먼 미래에 어떤 일이 생길지 생각해 보는 것은 게다가 조금 맞지 않는다 해도 충분히 유익하다.

이미 시작된 변화

최근의 인공지능 컴퓨터는 주어진 자료를 분석하는 데에 인간보다 훌륭한 모습을 보여준다. 학습 수준이 고도화될수록 인간보다 작업을 잘 수행할 것이다. 따라서 이와 같은 성질을 갖는 모든 의료 행위는 컴퓨터로 대체될 전망이다. 전산화된 데이터로 상황을 판단하는 거의 모든 것들이 대상이 될 수 있다. 앞서 얘기한 영상을 분석해서 진단하는 곳이나 심전도 등의 생체 신호를 분석하는 곳 모두 대상이 될 수 있다.

이런 상황에서 의료계는 이런 변화를 맞이할 모든 여건을 갖고 있다. 일단 사람의 생명을 좌지우지 하는 의료계라는 점이 중요하다. 조금이라도 더 훌륭한 기술이 나오면 그것을 원하는 수요가 반드시 생긴다. 그것은 근본적으로 의사나 병원보다 환자에게서 발생한다. 소비자의 필요인 셈이다. 당연히 서비스 제공자인 의사나 병원은 반응할 수밖에 없다.

새로운 기술의 도입은 돈이 드는 힘든 일이지만, 의료계는 이와 같은 변화를 일으킬 충분한 자금력도 있다. 2010년 초반 기준으로 의료 기기와 의료 소모품 시장만 각각 수천억 달러 규모다. 전 세계 의약품 시장은 1조 달러 규모다. 이것들을 다 합친 것보다 몇 배 더 큰 것이 의료 서비스 시장이다. 끊임없이 기술 경쟁이 일어나는 곳이다. 따라서 인공지능 기술을 개발하고 그것을 학습시키는 데 필요한 연구 개발 비용을 감당할 수 있다.

이런 변화는 이미 시작됐다. 가장 유명한 널리 알려진 것 중 하나가 바로 마취 로봇으로 알려진 세더시스Sedasys의 등장이다. 2009년 세계적인 제약 회사 존슨앤드존슨Johnson&Johnson에서는 인공지능을 이용한 마취 로봇을 개발했고 2013년 FDA 승인까지 받았다. 실전 배치된 이 로봇은 대단히 잘 작동했다고 한다.

한국에서도 여러 움직임이 있다. 가장 대표적으로 서울아산병원은 정부의 지원을 받아 2017년 1월 '인공지능 의료 영상 사업단'을 발족했다. 같은 해 7월 세종병원에서는 인공지능을 이용한 심정지 예측 시스템을 도입했다. 기존 방법보다 훨씬 미리 예측할 뿐 아니라 정확하다고 한다.

의료 산업의 특징과 현재의 흐름으로 유추해 볼 때 명백히 특화된 몇몇 의료 행위들은 기계로 대체될 전망이다. 이견의 여지가 없다. 단점이 단 하나도 없다. 더 싸고 더 정확하다는 데 무엇이 더 필요할까? 우선 문진 없이 진단할 수 있는 질병의 진단은 컴퓨터가 대신할 것이다. 적어도 컴퓨터가 내린 진단을 의사가 '강하게' 참고할 것이다. 질병 유무가 생체 신호로 결정되는 경우나 영상 정보에 크게 의존하는 경우가 바로 그 대상이 될 것임을 쉽게 유추할 수 있다. 의료 행위라도 자동 마취 로봇처럼 기계적 제어가 되고 수치에 근거한 판단이 절대적인 역할을 하는 경우 의사의 역할을 대신할 수 있다.

인공지능이 판단하고 의사는 동의한다

그리 머지않은 시간 안에 의사들은 환자들에게 다음과 같이 말할 것이다. "인공지능 의사가 제시한 의견이 이렇습니다. 저도 동의합니다."

인공지능은 환자의 데이터를 통해 가능한 경우를 의사에게 제시한다. 의사는 당시 공중 보건적 상황과 환자와의 문진, 그리고 인공지능의 결과를 종합해서 최종 판단을 내린다. 인공지능 의사의 결정은 점점 좋아진다. 대부분 의사들이 컴퓨터의 의견에 반대할 필요가 없어진다. 그러나 아주 가끔 의견이 다를 때에는 의사가 환자에게 많은 설명을 한다. 보통 사람들에게 인공지능은 의사보다 더 신뢰를 받는 세상인 셈이다.

기존 의사가 하는 일은 컴퓨터에 의해 대체될까? 그렇다. 기존 의사가 하는 일 상당수는 컴퓨터도 할 수 있다. 의사는 상황을 종합해 판단하는 사람으로서의 역할만 중요하게 남게 된다. 아직은 기계가 대신하지 못하는 일들을 수행하는 사람으로서 기능한다. 대표적으로 문진. 물론 문진이 가장 중요한 의료행위라는 것에는 두말할 여지가 없다. 그만큼 의사의 역할도 중요하다. 하지만 그 외에 많은 부분은 기계가 대신한다. 인공지능 의사가 진료 행위에 차지하는 비율 역시 만만치 않다. 인공지능이 대신하는 상당수 일들이 수련 과정을 통해서만 얻을 수 있었던 고도의 지적 능력을 요하는 일들이라는 점을 상기하면 더욱 그러하다.

곧 의사의 역할이 바뀔 것이다. 인공지능 기술이 갖지 못하는 능력을 더욱 특화시키는 방향으로 발전할 것이다. 인간 의사만의 고유한 강점이 많다. 인간은 변화에 민감하다. 갑자기 주변 지역에 특화된 전염병이 퍼지거나, 새로운 질병이 발견됐거나, 새로운 개념이 의학에 도입됐다는 식의 변화에 빠르게 적응한다. 의료 행위에 이런 것들이 유리하게 쓰일 수 있다는 것은 명확하다.

또한 의사는 토론과 토의를 통해 애매한 문제를 풀 수 있는 강점이 있다. 지금의 인공지능은 정해진 규칙 안에서 대결하고 확률적인 답을 내는 데에는 뛰어나지만, 상대방과 토론을 하거나 양보를 하지 못한다. 인간은 서로의 의견을 경청하고 그것들을 전부 새로운 데이터로 이해하여 보다 나은 결론을 내는 데에 매우 뛰어나다. 인간은 또한 여러 정보를 종합적으로 판단하는 데에도 매우 익숙하다. 하나의 질병과 증상으로 설명되지 않는 경우, 여러 가지 케어를 같이 해야 하는 경우, 인간의 판단이 필요할 상황이 생길 것이다.

물론 기술 이상론자들은 인공지능 의사가 모두 대신할 수 있다고 말한다. 그들은 모든 뇌의 활동을 인공지능이 대신할 수 있다고 자신 있게 말한다. 오로지 시간 문제라고 주장한다. 그들 말이 옳을지도 모른다. 먼 미래에는 그렇게 될 가능성도 있다. 그런데 이 책을 읽는 사람들이 죽은 후에 벌어질 지도 모르는 일을 너무 많이 기술하는 것은 쓸데없는 것 같다. 적어도

현재 개발된 기술을 기반으로 미래를 예측해야 된다고 본다.

요컨대 '약인공지능'을 이용한 판단 기술은 규격화된 많은 문제 해결에 있어서 인간보다 뛰어나다. 의료 행위 중에 이런 부분은 상당 부분 기계로 대체될 것이다. 인간 의사는 기존과 다른 역할을 맡는 데에 집중할 공산이 크다.

자동항법장치 때문에 기장이 사라졌나

그렇다면 의사의 수는 줄어들까? 이건 쉽게 그렇다고 대답할 수 없다. 자동화로 인해 직업이 어떻게 바뀌는지 비교적 잘 보여주는 예가 비행기 기장과 자동항법장치다. 자동항법장치 덕에 과거에 많은 사람이 하던 일을 이제 혼자 할 수 있게 됐다. 그 옛날에는 무선 통신만 하는 사람이 따로 들어갈 정도였던 것을 생각하면 지금의 기술은 정말 대단하다. 대부분 비행기에는 기장과 부기장 둘이 들어가는데 그나마도 비행기의 안전을 위해서지 혼자 조종하는 게 불가능해서가 아니다. 하긴 요즘은 아예 비행기에 타지 않고 원격으로 조정하며 무인 비행체를 띄우는 시대다.

그런데 자동항법장치로 인해 비행기 기장이 실업자가 됐나? 전혀 그렇지 않다. 비행기를 조종할 수 있는 기술은 최고급 기술이라 최고 연봉 직업에 속한다. 비행기 기장이 되는 방법 역시 여전히 어렵고 힘들다. 비상시를 위해 비행기 작동 원리를 정확히 알고 있어야 하며, 안전한 상태를 유지할 수 있는 신체적, 정신적 능력을 인정받아야 한다.

일단은 의사도 비슷한 길을 걸을 가능성이 크다. 인체 원리를 제대로 이해하는 일은 여전히 쉬운 일이 아니다. 각종 비상 사태를 대비해 기계 옆을 지키고 올바른 판단을 수시로 내릴 수 있어야 한다는 면에서 수요가 급격히 줄어들지도 않을 것이다. 그리고 무엇보다 의료 시장은 절대 줄어들 가능성이 없다. 의술이 발달할수록 의료 시장은 더욱 커질 것이다. 평균 수명이 늘어날수록, 고칠 수 있는 질병이 늘어날수록, 의술의 대상도 늘어나는 셈이다. 따라서 의료 서비스의 수요는 절대 줄어들지 않고 늘어날 것이다.

이런 상황에서 의사를 대체할 수 있는 효율적인 방법이 있다는 얘기는 의사를 다른 곳에 투입할 수 있는 여지가 생긴다는 얘기지, 의사가 남아돌게 된다는 것을 뜻하지 않는다. 쉬운 예로 최근에 영상의학과나 마취과 의사가 줄어들게 되어 다른 진료 과목 전문의 숫자가 늘어난다면 이 또한 같은 맥락의 이야기다. 기계가 잘하는 일은 기계가 하게 두고, 인간은 인간이 잘하는 일을 더 잘하면 되는 것이다.

당연히 공짜로 되는 일은 아니다. 신경망 인공지능에게 학습이 필요하듯 인간에게는 교육과 적응의 시간이 필요하다. 의료 시스템에 찾아올 변화를 미리 예측하고 준비하는 자세가 필요하다. 지금 고민해 보는 의미도 여기에 있다.

05

모라벡의
역설

'모라벡의 역설Moravec's Paradox'이란 말이 있다. 한스 모라벡Hans Moravec이라는 로봇과 인공지능 전문가가 언급한 것으로 컴퓨터에게 어려운 퀴즈를 풀게 하고 체스를 가르치기는 쉽지만 어린아이 수준의 통찰력을 갖게 하기는 어렵다는 얘기다. 흔히들 인간에게 쉬운 것은 컴퓨터에게 어렵고, 인간에게 어려운 것은 컴퓨터에게 쉽다고 표현한다.

모라벡은 아주 현명하게도 이 순간 포커스를 기술에 맞추지 않고 인간에게 맞췄다. 원인을 기술에게서 찾지 않고 인간에게서 찾았다는 말이다. 모라벡은 인간이 쉽게 하는 일들이 본질적으로는 어려운 일들이라는 것을 알아차렸다. 기본적인 통찰력을 갖고, 2족 보행을 하며 사지를 움직이는 일들이 모두 인간이기 때문에 쉽게 할 수 있는 고난도 능력이다. 인간으로서만 수만 년을 진화해서 얻은 기능이고, 생명체로서는 수백만 년을 진화해서 갖춘 능력이다. 이것을 컴퓨터가 단기간에 모방할 수 있을 리 없다.

그러나 인간이 흔히 인간의 고유한 능력이라며 찬양하는 이성이라 불리는 능력은 상대적으로 발달한지 얼마 되지 않았다. 계산 능력이니 추론 능력이니 하는 것들은 추정컨대 고작 몇만 년 전부터 본격적으로 개발됐다. 이 같은 관점에서 생각하면 흔히 일컫는 고차원적 사고가 오히려 저급해 보인다. 실제로 인공지능 기술은 다섯 살 어린이의 공간지각력, 조정력 등을 따라 잡는 게 어렵다. 그런데 바둑이나 계산 같은 복잡한 일들을 정복하는 데에는 거침없다.

발달된 인공지능에게 사실 인간의 고차원적인 능력들은 얄팍하게 느껴지는 것이다. 그렇다면 인간은 이런 분야부터 기계에게 자리를 내줄 가능성이 크다. 진정한 역설이다. 잔디를 깎고 식탁을 닦는 일보다 회계 장부를 검토하고 사진을 판독하고 전자 신호를 분석하는 일이 먼저 기계에게 위협을 당한다.

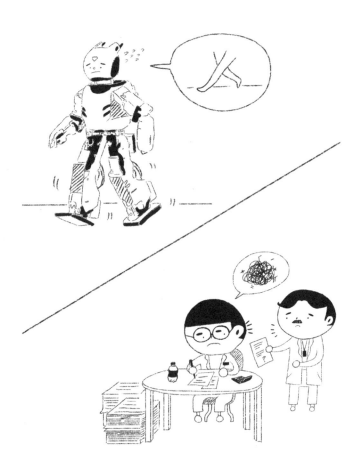

의사도 인공지능을 공부해야

머지않아 인공지능을 장착한 기계가 의료 행위를 하게 될 것이다. 기존에 의사가 하던 일들의 일부 혹은 상당수를 기계가 할 것이다. 주사를 넣고 약을 나눠주고 소독하는 행위보다 생체 신호를 분석하고 사진을 판별하는 등의 행위가 먼저 기술로 대체된다. 당연히 의사라는 직업도 이에 맞춰서 바뀌어야 한다. 계산기가 도처에 널린 시대에 계산을 대신해 주는 직업이 없는 것과 같은 이치다.

매우 당연한 얘기부터 해야 할 듯 싶다. 의사는 기계가 못하는 일에 더욱 치중해야 될 것이라는 말이다. 그중에 으뜸은 환자를 인간으로서 대하여 더욱 편하게 만들어 주는 역할이다. 이는 절대로 기계가 대신할 수 없다. 의사가 잘해야만 한다. 의사는 환자에게 상황을 설명하고 어려운 일을 견뎌낼 수 있는 힘을 줘야 한다. 받아들일 일과 노력해야 할 일을 구분지어주고 설득도 해야 한다. 마음 약한 환자가 오든 논리적인 질문이 많은 환자가 오든 그들이 편한 마음으로 의료 서비스를 받도록 하는 것이 의사의 역할이다.

사실 의사라면 기본적으로 갖춰야 하는 자세라 이론적으로 더 강조될 수 없는 부분이다. 그러니까 인공지능이 더욱 그런

환경을 조성할 것이란 뜻이다. 사실상 의사들이 자연스럽게 스스로 변하도록 압박한다. 인공지능 의사가 보편화되어 의사별로 진단에 큰 차이가 없다면 환자들은 더 친절한 의사를 선호할 테니까.

둘째로 의사의 조정자로서의 역할은 더욱 강조될 것이다. 자고로 기술이 도입된 이후 그것을 감시 없이 내버려 두는 경우는 없다. 마치 자동차를 잘 이해하고 있어야 자동차가 고장 났을 때를 대비할 수 있는 것과 같다. 비행기 조종의 예와도 비슷하다. 많은 것이 자동화됐음에도 기장은 온갖 종류의 비상 상황을 대비할 수 있는 능력을 갖추고 있다.

인공지능 기술의 경우도 마찬가지다. 인공지능과 다른 진단이 나왔을 경우, 혹은 인공지능의 진단이 훌륭하지 않을 경우 의사는 오류를 바로 잡을 수 있어야 한다. 수술 중에 인공지능이 오작동하기 시작하는데 주변 의사가 그것을 알아채지 못하는 일이 발생했다고 떠올리면 아찔하다.

자연스럽게 의사에게 찾아올 세 번째 변화가 유추된다. 의사도 인공지능 기술을 이해해야 한다. 조정자로서의 역할을 성공적으로 수행하려면 이것은 필수다. 기계가 오작동한 경우 그 이유를 이해해야 오류로부터 완전히 벗어날 수 있다. 물론 인공지능 기술을 어느 정도 깊게 이해해야 하는지는 생각해 볼 여지가 있다. 하지만 단순히 잘 작동하니까 문제없다는 식의 무지한 상태면 곤란하다.

이에 더해 의사가 인공지능을 이해해야 하는 이유는 앞으로 의사가 인공지능을 이용한 의술 발달의 핵심적인 역할을 해야 하기 때문이다. 지금이야 기술이 발전 단계에 있으니 인공지능 기술이 더 중요하게 보인다. 인공지능 기술을 다룰 수 있는 사람은 많지 않으니까 자연스러운 일이다. 인공지능 기술이 도입되는 거의 모든 분야에 공통된 현상이고 의료계도 마찬가지다. 하지만 나중에도 그럴까?

인공지능 기술이 발전할수록 결국 더 중요해지는 것은 의술과 의사다. 인공지능을 교육하거나 인공지능이 내리는 판단을 채점하는 이는 결국 의사이기 때문이다. 예를 들어 인공지능을 계속 똑똑하게 만들려면 데이터가 필요하다. 이와 같은 데이터를 선별하여 제공할 수 있는 것은 다름 아닌 의사다. 특히 기계학습에 가장 효율적인 데이터를 고를 수 있는 최고의 적임자는 당연히 인공지능을 이해한 의사다. 또한 의료 서비스 안에서 인공지능 기술이 새롭게 도입될 만한 부분을 찾아낼 수 있는 이도 의사다.

의사가 인공지능 기술의 원리를 잘 이해하고 있다면, 그 어떤 인공지능 기술자보다 먼저 반응할 것이다. 인공지능에게 새로운 의학적 발견을 적용시키거나 그런 필요를 기술자에게 알려주는 일도 의사만이 할 수 있다.

현재 인간을 가장 잘 이해하고 있는 지능이 바로 의사의 지능이다. 따라서 훌륭한 인공지능 의사를 만드는 것은 본질적으로 의사의 몫이다. 직업군으로서 의사가 해야 할 일이 줄어든다고 쉽게 속단할 수 없다.

의사 본연의 역할은 그대로

의사가 몇몇 기능을 기계에 양보한다 해도 의사 본연의 역할을 쉽게 뺏기지는 않을 것이다. 인간의 몸은 상상 이상으로 복잡하고, 질병 수는 수만 가지를 넘으며, 개개인의 다양성은 무한에 가깝다. 여러 종류의 정보를 취합해 하나의 결론에 이르는 일은 아직 인공지능이 따라오지 못하는 부분이다. 이것은 지금의 '약인공지능'으로는 구현하기 매우 어렵다.

따라서 가까운 시기 안에 의사라는 직업이 갖는 본질이 바뀌지는 않는다. 인공지능이 주는 온갖 종류의 정보를 종합해서 판단하는 인간 본연의 능력이 더 강조될 것이다. 의사는 인공지능의 도움을 받아 더 좋은 의료 서비스를 제공할 수 있는 더 강력한 주체가 된다.

가장 극단적인 예로 현재의 인공지능은 자신의 판단을 설명하지 못한다. 그것은 본질적으로는 확률의 결과물일 뿐이다. 인공지능에게 의견 교환과 타협이란 아직 불가능하다. 하지만 의료 행위 중에는 사안이 애매해 여러 고급 지능들이 머리를 맞대야 하는 경우가 반드시 있다. 인간의 능력은 이럴 때 빛을 발한다.

극한의 순간에 인공지능이 무용하다는 뜻이 아니다. 인공지능은 그 순간에도 인간에게 유용한 정보를 제공한다. 이 사안이 실제로 애매한 상황이라는 것을 통계로 보여준다거나 인간이 놓칠 수 있는 정보를 제시한다. 그러나 그런 것들을 바탕으로 한 발 나아갈 수 있으려면 인간들의 유연한 사고가 반드시 필요하다.

궁극적으로 의사는 진료 과목을 넘나들어 서로 의견을 교환하는 데에 더욱 익숙해져야 한다. 한 명의 의사가 인공지능보다 훌륭할 것이라 믿을 수는 없다. 인공지능에 버금가는 여러 의사가 인공지능의 도움을 받으며 힘을 합쳤을 때 더욱 훌륭해지는 것이다.

의료 산업 구조 재편의 주인공은 의사

지금까지 의사 본연의 역할이 기술과 어떤 관계를 맺을지 이야기했다. 특히 많은 논의가 의사의 진료 현장을 중심으로 이뤄졌다. 그런데 사실 의료 서비스의 영역은 방대하다. 의사라는 단어 하나로 간단하게 생각할 수가 없다.

다 같이 의사라고 불러도 하는 일이 너무 다르다. 그냥 과목이 다른 수준을 넘어선다. 의사 개인들이 전체 의료 서비스에서 맡은 역할이 다르다. 이 같은 사실이 아주 잘 드러나는 것이 의료 전달 체계다. 우리나라의 경우 똑같은 병원이라 해도 1, 2, 3차의 차이를 두어 각각의 역할을 달리하고 있다. 병원들도 하는 일이 모두 다르다.

따라서 인공지능이 의사들에게 어떤 변화를 가져올지 더 정확히 알아보기 위해서는 이것들을 세분해서 생각해볼 수 있어야 한다. 인공지능이 발전하면 의사가 할 일이 없어지겠다며 쉽게 예상할 수 있는 부분이 아니다.

특히 의사는 의료 산업의 핵심 주체다. 의사의 역할이 바뀐다는 것은 그 산업의 형태 전체가 바뀐다는 것을 뜻한다. 의사의 역할이 바뀌려면 그에 맞는 산업 구조의 재편, 정부 제도의 개선이 뒷받침 돼야 한다. 단순히 기술이 발달한다고 그 자리를 대체할 수 있는 게 아니다. 이야기는 점점 더 복잡해진다. 이제 의료 산업에 어떤 식의 변화 압력이 있고, 또 저항은 어떻게 일어날지, 혹은 예상되는 갈등 양상은 어떠한지 생각해 볼 차례다.

06

'인공지능 의사' 개발사가 그리는 큰 그림

미래에는 인공지능의 도움을 받아 여러 의사가 토론을 거쳐서 환자의 상태를 논한다. 아니 이미 시작한 병원도 있다. 그런데 이건 종합병원 얘기다. 환자가 생사를 결정지을 중대한 질환을 가졌을 때 얘기란 말이다. 감기로 며칠 치 약을 가볍게 처방받는 동네 병원에서는 있을 수 없다. 어지간히 잘나가지 않는 한 동네 병원은 의사가 두 명인 곳도 그리 많지 않다.

이처럼 병원이 처한 상황이 다르기 때문에 인공지능 의사가 보편화됐을 때 그 여파도 다르다. 큰 병원은 그리 머지않은 미래에 기술과 어렵지 않게 조화를 이룰 것이다. 인공지능 기술이라고 다른 기술과 크게 다르지 않을 수도 있다. 기술의 도움을 받아 정밀도와 정확도를 높이고 비용을 절감한다.

하지만 작은 병원은 사정이 전혀 다를 수 있다. 어차피 작은 병원에 가는 이유는 감기 따위의 가벼운 질환 때문이다. 동네 병원에 자주 가는 사람들 태반은 의사가 아니더라도 내 질환은 내가 아니까 약이나 달라고 하고 싶은 기분을 한두 번은 느낀다. 그런데 그 의사가 어느 날 보니 컴퓨터가 시키는 대로 하는 걸 발견했다. 환자들은 어떻게 생각할까? 의료 서비스에 대한 환자들의 욕구는 어떻게 바뀔까?

누가 이득을 보는가

사람들은 인공지능 의사의 기능에만 관심을 갖는다. 기능이 충분히 훌륭하면 의사를 대체할 수 있을 것이라 생각한다. 이는 너무 단순하게 본 생각이다. 특히 그리 머지않은 미래에 일어날 상황을 어느 정도 타당하게 예측하려면 시야를 바꿔야 한다. 결론부터 얘기하자면, 기술의 완성도보다 소위 상품성이 더욱 중요하다.

가천대학교에 도입된 왓슨 포 온콜로지의 예를 들어 보자. 도입 후 1년이 지난 시점에서 매우 의미심장한 기사가 나왔다.

가천대의 암 청구액이 부쩍 늘은 것이다. 왓슨 도입 전 '암종별 상위 10순위'에 이름을 하나도 못 올리던 병원이 3개의 암종(대장암, 유방암, 위암)에서 당당히 10위권 내에 진입했다. 이것이 얼마나 놀라운 사실인지는 이 기사의 제목에 잘 드러나 있다. '왓슨 도입 1년, 의료계 미친 파장은?', '요지부동 빅5 병원 쏠림 구조에 균열'.

아직 왓슨의 능력은 완전하지 않다는 게 중론이다. 인간을 대체했을 때 더 훌륭하다는 보장도 없다. 그렇지만 이 기술을 도입함으로써 환자들의 욕구를 충족시키는 데에 성공했다. 병원 입장에서는 대만족이다. 소위 장사가 된 것이다.

아주 비슷하지만 약간 다른 위치에서 생각할 수도 있다. 기술 개발자 입장에서 말이다. 왓슨의 경우에는 IBM. 왓슨 개발 프로젝트엔 4년 동안 6,000만 달러가 넘는 돈, 한화로 670억 원이 넘는 돈이 투입됐다. 이 돈이 영업을 통해 회수돼야 기술 개발이 계속될 수 있다. 이렇게 생각하면 IBM이 가천대학교로 부터 얼마를 받고 이 서비스를 제공했는지 궁금하지 않을 수 없다. 아쉽게도 대외비라 정확히 알 수는 없지만 수십억 원 수준이라는 소문이 돈다. IBM을 걱정하는 것이 아니라 돌아가는 정황을 이해하려는 것이다.

요컨대 기술이 무르익고 세상에 퍼지는 데에는 적절한 수요가 필수적이다. 제품의 질도 좋아야 하지만, 적절한 크기의 시장이 형성되고 사람들의 욕구를 불러일으킬 마케팅도 성공해서 손해 보지 않는 수익 구조가 완성돼야 한다. 속된 말로 돈이 돼야 한다. 교양 있게 말하면, 사회 제반 여건이 마련돼야 한다고 표현할 수도 있다.

이와 같은 관점의 변화는 중요하다. 사람들은 개발된 기술이 주체인줄 안다. 기술이 너무 훌륭해서 미완성인 인간을 서서히 제치는 줄 안다. 하지만 아니다. 기술이 인간을 대체하는 이유는 그로부터 이익을 얻는 경제 주체가 있기 때문이다. 인간이 기술에게 속절없이 약자로 밀리는 것이 아니다. 인간은 언제나 주체적이다. 기술을 앞세운 다른 인간들이 기술 뒤에 가려 있을 뿐이다. 입장을 이렇게 바꿔놓고 생각하면, 기술이 어떤 속도로 의료 산업을 바꿀지 예측할 수 있다.

투자자들의 의지가 만드는 미래

가천대학교의 도전은 성공한 셈이다. 모두의 이목을 끌 수 있었으며, 결과도 나쁘지 않고, 장래성도 증명했다. 의사와 기술이 어우러진 시스템도 긍정적인 반응을 이끌었다. 인공지능의 지원과 함께 의사 여럿이 의견을 모으는 과정은 환자들에게 매우 만족스럽게 다가갔다고 한다. 이 모든 것들이 경쟁 위치의 다른 병원에게 많은 자극이 됐을 것이다. 같은 맥락이라면 대형 병원에 인공지능 도입이 계속되지 않을 이유가 없다.

그러나 인공지능 의사를 개발하는 개발사 입장에서는 이 정도에 만족할 리가 없다. 기본적으로 대형 병원들은 몇 개 안 된다. 그보다 훨씬 많은 수의 개인 병원들에 이 기술을 보급한다면 회사는 돈을 엄청나게 벌 것이다. 판매 가격이 조금 낮아져도, 기능이 약간 모자라도 문제없다. 기본적인 시장 규모 차이 때문에 이 시장이 새로 열리고, 또 그 시장에 주도권을 쥐게 된다면 그 이득의 규모를 쉽게 상상하기 힘들다. 흔히 인공지능 의료 시장은 수십억 달러, 우리 돈으로 수조 원짜리라고 한다니 말 다했다.

우리는 그 모습도 쉽게 상상해 볼 수 있다. 동네 한 병원에서 개인 병원용 인공지능 의사를 도입한다. 그리고 앞에 커다랗게 써 붙인다. '대형 병원에서 성능을 검증 받은 인공지능 의사 도입! 학습하는 인공지능 의사! 자주 방문할수록 더욱 정확해집니다!' 이보다 더 호기심을 끌 수 있을까? 곧 다른 병원도 경쟁적으로 이를 도입한다. 안 그럴 수 없다. 도태되니까. 우린 수

많은 최신 의료 기기들이 중소형 병원에 경쟁적으로 도입되는 것을 몇 번 목도했다. 가장 대표적으로 라식. 가까운 미래에 인공지능 의사가 일상과 지적으로 가까워진다면 기술이 도입되는 모습은 다른 기술과 크게 다르지 않을 것이라 본다.

물론 이런 예상이 너무 조악하다고 생각하는 사람도 많을 것이다. 병원 장비란 것이 일단 병원 안에 들여놓는 것부터가 아무나 하는 것이 아니다. 인허가가 여간 까다로운 게 아니다. 특히 의사의 진단에 버금가는 행위를 하려면 넘어야 할 현실의 벽이 높다.

하지만 역발상이 필요한 시점이다. 인공지능 기술을 개발하고 판매하는 사람들이 저 현실의 벽 때문에 일을 성사시키지 못 하지는 않는다. 인공지능 의사를 개발하는 사람들은 대부분 튼튼한 자본력으로 무슨 일이든 해내는 사람들이다. 중간에 좌절할 리 없단 말이다.

또한 잔꾀도 뛰어나다. 저들은 장애물을 뛰어넘을 수도 있지만 회피할 수도 있다. 인공지능 의사가 병원 내에서 정상적인 진단 행위를 허락받기 어렵다면 돌아가는 방법을 쓰면 된다. 의사를 '많이' 도와주는 방법을 써서 현행법을 피해갈 지도 모른다. 마치 웹서핑 하듯 검색 결과를 알려 주는 형태를 취한다면 병원에서 못 쓰게 할 명분이 없다.

개인적으로 인공지능 의사 개발자들의 궁극의 목표는 더 큰
데 있다고 본다. 개인 의사 시스템. 아예 병원에 갈 필요가 없
게 만드는 것이다. 적당히 아프면 적당히 약을 처방하고 같은
증상이 많이 반복되면 더 훌륭한 병원을 추천하는 것이다. 처
방은 법 때문에 힘들겠다 싶으면 병원에 갈 타이밍을 알려 주
는 개인 장비로 바꾸어 판매하면 된다. 생각해 보자. 인공지능
의사를 개개인 상당수가 들고 다니거나 집에서 인터넷 접속으
로 만날 수 있다면 그 어마어마한 시장 규모를 짐작이나 할 수
있겠는가?

이제 맨 처음 했던 얘기를 다시 곱씹어 볼 타이밍이 아닌가
싶다. "의사의 80%가 사라진다"는 주장에 대해서 말이다. 이
말을 한 주인공은 실리콘 밸리의 전설적인 벤처 투자자 비노
드 코슬라Vinod Khosla다. 물론 실리콘 밸리에서 유명한 많은 다
른 사람들처럼 이 사람도 직함이 여러 개다. 하지만 이 말을 인
공지능 전문가도 아니고 의사도 아닌 '투자자'가 했다는 데에
약간의 의미를 부여해야 한다고 조심스럽게 주장한다. 저 말은
기술의 앞날, 의사의 앞날을 예상한 것이 아니다. 의사의 80%
를 사라지게 할 것이라는 투자자들의 의지를 표현한 말이다.

아니 적어도 투자자들이 하고자 하는 것을 표상한다.

인공지능 프랜차이즈 병원의 등장

인공지능 개발자들 역시 주체가 하나가 아니다. 지금 언급되는 기업은 IBM 하나지만 이 거대 시장을 다른 경쟁자 없이 독식할 수는 없다. 그렇다면 흥미진진하게도 인공지능 의사가 하나가 아니라 둘, 셋, 혹은 다수가 된다. 그러면 여태 듣도 보도 못한 경쟁 관계가 형성된다. 한 병원에서 A사에서 나온 인공지능을 쓰고 있었는데, 갑자기 B사의 인공지능이 매스컴을 타면서 뜬다. 사람들이 B사의 인공지능을 도입하고 있는 병원에 더 가고 싶어 한다. 개인 병원 의사들은 자신의 유능함보다 인공지능 의사의 도입을 광고해야 한다.

만약에 인공지능 의사 보급 및 판매 그리고 진료가 전격적으로 이뤄지면 의사와 병원이라는 공간은 인공지능 의사를 만날 수 있는 공간으로 인식된다. 이제 의사는 사실상 고차원적인 기술을 본사에서 납품받아 파는 체인점과 다르지 않게 된다. 의사끼리 진료 과목별로 유능한 인공지능 제품을 고르고 경쟁하며 지역별로 분포가 이뤄진다. 여러 업체들은 의사들에게 자신의 제품을 구입하도록 독려하거나 광고하고 혹은 일정

지역 내 독점을 보장한다.

물론 이와 같은 상상은 극단적으로 보일 수 있다. 가능성이 없는 것은 아니지만 중요한 부분을 고려하지 않았다. 시장이 변화하려면 시장 구성원 간의 합의가 있어야 한다. 갈등이 반드시 있겠지만 갈등이 해결되는 과정 역시 반드시 거쳐야 한다. 모든 시장의 현재 모습은 변화 과정에 대한 통시적 고려 없이 이해될 수 없다. 단지 앞날에 경제 주체들이 이런 능력을 가질 테니 이렇게 변화할 것이라고 예측할 수 없는 이유다.

다시 말해 위와 같은 의료 시장 변화에 지금 우리나라 사람들이 찬성하는지 여부가 고려돼야 된다는 점이다. 비단 위와 같은 시장 형태만 일컫는 것이 아니다. 사회 구성원의 명시적인 합의와 묵인 없이 유지되는 시장은 없다. 이런 관점으로부터 이제 인공지능 기술과 병원의 의사를 벗어나서 그것을 둘러싼 여러 제반 사회 여건을 살펴보도록 하자.

07

인공지능 의사의
정착 조건

기술이 발달한다고 하여 삽시간에 의사가 기계로 대체되는 일은 절대로 일어나지 않는다. 그것은 의료 산업을 너무 단순하게 본 것이다. 의료 산업은 형태가 복잡하고 관련 분야도 방대하여 단순히 좋은 물건이 나오면 사람들이 바로 반응하는 그런 곳이 아니다.

앞서 세계적인 제약 회사 존슨앤드존슨에서 인공지능을 이용한 마취 로봇을 개발했다고 했다. 그러나 이 회사는 제품 판매를 중단했다. 충분히 훌륭하게 작동했을 뿐 아니라 가격도 저렴했다고 한다. 하지만 미국의 마취과의사협회는 이 변화를 수용할 수 없었다. 격렬한 반대에 부딪혀 결국 이 제품은 판매가 중단됐다.

물론 문제를 단순하게만 보려는 것은 절대 아니다. 이 얘기를 듣고 19세기 초반 기계가 일자리를 빼앗는다며 기계를 부셨던 러다이트 운동을 떠올리는 것은 부적절하다. 이런 발상은 의사들에게도, 당시 러다이트 운동을 벌였던 노동자들에게도 실례다.

단지 이 예를 통해 말하고 싶은 것은 의료 산업은 단순히 누군가가 물건을 만들면 돈 있는 사람이 구매하는 단순한 구조가 아니라는 점이다. 새로운 상품이 나오면 그 상품이 관련 분야에 시장 외적인 여러 파급 효과를 만든다. 따라서 의료 시장의 변화를 점쳐 보려면 신기술의 질과 별개로 시장이 그런 변화를 수용할 수 있는지를 같이 따져봐야 한다.

인공지능이 생명의 무게를 가늠할 수 있을까

인공지능 의사가 의사를 대체하려면 넘어야 할 벽이 많다. 그중 하나가 책임 소재 문제다. 현재 의료 서비스는 완전하지 않다. 언제든 오류가 생길 가능성이 있다. 이는 현재 의술의 한계이니만큼 인공지능으로 극복할 수 없다. 따라서 기계 의사가 현장에 투입될 때 만약을 대비해 누군가가 결정에 책임을 져야 하는데, 인공지능 의사는 이에 적당하지 않다. 기계가 사람이 갖던 책임을 나눠 갖는 것은 복잡한 문제다. 특히 사람의 생명이 직접 오고 가는 의료 산업의 경우 더욱 민감하다.

특히 현재 인공지능이 의료 행위의 책임자로 적합하지 않은 이유는 바로 인공지능이 설명을 하지 못한다는 점이다. '약인공지능'인 현재의 인공지능은 자신이 내린 판단을 논리적으로 설명하지 못한다. 시시비비를 가려야 할 경우 인공지능에게 이유를 물을 수 없다.

최근 비약적으로 발달한 딥러닝 기반 인공지능은 설명을 제공하는 데에 더 취약하다. 예를 들어 기계가 사진 속 고양이를 잘 구별했다고 해서 그게 왜 고양이인지 알려줄 수 없다는 얘기다. 기계한테 물어도 답을 못한다. 그런지 아닌지만 알려줄 뿐이다. 최근의 기술자들이 이를 극복하려고 노력하기는 한다. 사진의 어느 부분을 판단의 근거로 썼는지 표현한다거나 사진의 중요 부분을 사진에 표시하는 식으로 설명을 하려 한다. IBM의 왓슨 포 온콜로지는 이런 약점을 보안하기 위해 여러 가지 근거 자료를 같이 첨부한다. 논문이나 연구 자료를 같이 제시하여 의견을 제시하는 효과를 냈다. 하지만 질의와 응답을 나누는 것과는 아직 거리가 있다.

현재 인공지능 수준에서는 인공지능이 제대로 판단하고 있는지 판별하기 위해서는 인공지능의 대화법을 이해할 수 있는 능력이 필요하다는 얘기다. 당연히 이 또한 수련을 필요로 하는 일이다. 앞서 말한 왓슨의 경우, 기계가 제시한 근거를 이해하려면 아예 그냥 의사가 돼야 한다. 근거의 형태가 의사들만 이해할 수 있는 논문이나 연구 결과이니까 말이다. 결과적으로 의사는 여전히 필요하다. 의료 사고가 난 후 그것을 해석하기 위해서든, 사고를 방지하기 위해 애매한 순간을 판단하기 위해서든 수련을 거친 사람이 필요하다.

요컨대 기계에게는 아직 판단의 이유를 물어볼 수 없다. 그리고 우리 사회는 아직 의견을 직접 말하지 않는 자에게 책임을 물을 준비가 되지 않았다. 법정에 기계를 앉혀 놓고 설명을 요구할 수도 없다. 지금껏 인간 의사를 중심으로 유지돼 온 것을 단기간 안에 바꾸기는 어렵다. 기계의 설명을 알아들을 수 있는 의사는 앞으로도 상당 기간 의료 서비스의 최종 결정자로서 지위를 유지할 것이다.

당분간 의사의 역할이 계속 유지될 것이라는 얘기는 앞서 여러 번 했다. 이번에 강조하는 것은 그 이유가 기술 측면이라기보다 의사를 둘러싼 시스템 때문이다. 기계가 능력이 되더라도 책임자를 두는 것을 사람들이 선호할 가능성이 높다. 변화에는 에너지가 든다. 변화에 필요한 비용을 상회할 이득이 있거나 변화로부터 많은 이득이 나오지 않으면 변화는 더디게 일어난다. 기계가 기존 의사를 도와줘서 얻는 이득은 엄청나게 많다. 하지만 책임자를 기계로 바꿔서 환자가 얻을 수 있는 직접적인 이득은 별로 없다.

변화의 속도는 사회가 결정

혼돈하면 안 되는 것이 인공지능을 이용한 의료 서비스는 계속 확대될 것이란 점이다. 기존 의사의 영역이 사라지는 것이 쉽지 않을 뿐 인공지능으로 무장한 기계가 폭 넓게 이용되리란 사실은 명확하다. 기계가 대체하기 쉽지 않은 의사의 영역이 있을 뿐, 수치화·전산화·규격화된 많은 부분에 인공지능 의사가 투입될 것이다.

낙관적인 관점을 부인하는 게 아니다. 인공지능 기술이 매우 좋아지면 인간을 대체할 수 있다. 인간 의사의 역할도 상당 부분 바뀌고 축소될 것이다. 하지만 그 과정이 쉽지 않을 것이다. 변화는 늘 어렵다. 작은 부분까지 생각해야 할 부분이 많다.

당장 인공지능을 이용한 진단이 현장에 투입되면 의료 보험

수가를 어떻게 책정돼야 하는지부터 간단한 얘기가 아니다. 예를 들어, 2017년 심장을 분석하는 인공지능 프로그램인 카디오 DL Cardio DL이 처음으로 미국 FDA 승인을 받았다. 이 프로그램을 이용하면 사람이 할 때보다 훨씬 빠르게 심장을 분석할 수 있다. 분석 수준도 인간보다 전혀 떨어지지 않는다. 그렇다면 이 인공지능의 진료에 인간 의사와 같은 보험 수가를 책정해야 옳은 걸까? 이런 부분은 섣불리 일반화할 수 없다. 고려해야 할 부분이 정말 많다.

당장 선진 기술을 병원에 들여놓으면 그것은 그 병원에게 수익 창출의 기회가 된다. 보험 수가라는 것이 함부로 변하면 안 되니까. 한 병원이 앞장서 변화를 시도했다고 해서 다른 병원 의사들이 받아야 할 돈을 급작스레 줄일 수도 없다.

기술이 점점 보급되면 상황이 더욱 애매해진다. 국민건강보험공단 입장에선 단가가 낮은 일에 많은 돈을 줄 수 없는 일이다. 그렇다고 수가를 너무 낮추면 아직 기술을 도입하지 않은 사람들에게 너무 가혹하다. 국민건강보험공단은 개인 병원의 생존도 고려해야 한다. 개인 병원을 포함한 중소 병원들도 상당한 환자를 감당하는 의료 시스템의 일부다. 이들이 잘 성장하고 튼튼하게 유지될 수 있는 환경을 망가뜨리면 안 된다.

무엇이든지 '적당히'가 중요하다. 인공지능이 대체하게 된 의료 서비스의 수가를 너무 늦게 재조정하면 국민건강보험공단 입장에선 손해가 커진다. 공단은 적절한 정책으로 의료 서비스 전반을 조율할 수 있는 능력이 있다. 손해나는 부분을 줄이면 그만큼 다른 부분에 자원을 투입할 수 있다. 수가 책정은 단순한 이익과 손해 그 이상의 의미를 갖는다. 의료 서비스 전반의 질과 방향성과도 연관이 있다. 공단 입장에서 손해가 전체 의료 시스템에게 어떤 의미인지도 따져 봐야 한다.

지금 예로 들은 경우, 공단의 손해는 고스란히 인공지능 기술 개발자들에게 이익이 될 공산이 크다. 그런데 개발자들에게 이익이 돌아가는 것이 공단에겐 손해일지라도 사회 전체로 보면 꼭 나쁜 것은 아닐 수도 있다. 기술 개발이 이익이 된다는 것을 알면 기술은 더욱 발전할 것이기 때문이다. 환자에게 해가 될 것이 하나도 없다. 공단의 정책 때문에 기술 개발자들이 얻을 이익을 너무 재빠르고 가파르게 줄이면 신기술 개발이 위축될 수도 있다.

시스템에 대한 신뢰가 변화를 촉진

의료 산업이 지닌 몇 가지 특수성에 기반한 이런 추론은 시사하는 바가 크다. 이것들은 결국 신기술을 사회가 받아들이는 데에 필요한 것은 사회적 합의라는 것을 잘 보여준다. 기술에 관해 상당히 낙관적인 사람들은 기술 발전이 모든 것을 해결해 줄 것처럼 말한다. 혹은 발전된 기술을 도입하지 않고는 버틸 수 없을 것처럼 생각한다. 하지만 이런 기술 중심적인 생각은 바람직하지 않다.

결국 기술 도입의 주체는 사회 구성원이다. 신기술이 주는 이익이 만만치 않다고 생각될 때 그 이득을 취하는 것이다. 변화에 따르는 비용보다 이득이 더 큰 경우 움직인다.

신기술에서 비롯된 사회 변화의 주체가 결국 인간임을 유념해야 한다. 이런 철학이 밑바탕에 깔려 있어야 상황에 맞게 변화 속도를 조절하여 사회 전체의 이득이 극대화될 수 있는 정책을 구상할 수 있다. 국가별 특수성을 고려한 유연한 정책 역시 비로소 가능해진다.

다소 역설적이게도 이런 인간중심적 사고가 갖춰지면 오히려 신기술의 도입을 더욱 적극적으로 장려할 수 있게 된다. 신기술이 사회에 큰 도움이 된다고 예상되는 경우 먼저 신기술의 발전을 준비할 수도 있기 때문이다. 신기술 발전 동향을 미리 예측하고 어떤 파급 효과가 있을지 미리 생각해 놓는 것으로 시작하여 여러 시나리오를 세우고 경우에 따라 대비하는 것이다.

자본주의 사회에서 기술 개발의 근본 동력은 이윤 창출을 향한 욕구다. 대기업에 의해 주도되는 인공지능 기술 개발, 스타트업이 시도하는 각종 딥러닝 관련 도전들 상당수가 결국 이윤을 위한 투자라는 사실을 직시해야 한다. 언제나 신기술의 파도가 치는 이유다. 파도에 올라탈 기회를 한 번 놓쳐도 머지않아 다음 기회가 또 온다.

따라서 신기술을 내세운 미래에 대한 청사진에 압박감을 느끼거나 뒤쳐진다는 두려움을 가질 필요가 전혀 없다. 중요한 것은 개발된 신기술이 사회 전체의 복지 향상으로 이어지도록 만들 수 있는 시스템이다. 신뢰할 만한 시스템이 제대로 작동하고 있다면 두려울 것이 전혀 없다. 섣불리 변화를 추구하다 신뢰와 안정성을 잃어버리면 안 된다. 한 번 잃어버린 신뢰는 다시 찾기가 대단히 어렵기 때문이다.

08

인공지능 주치의
시대의 명암

인공지능 의사가 개발되면 예전과는 차원이 다른 개인 건강 관리가 가능해진다. 아마 환자가 느낄 수 있는 가장 큰 변화일 것이다. 어차피 아파서 병원에 갔을 때 병원이 '치료'라는 서비스를 제공해 주는 것은 똑같다. 진단을 컴퓨터가 했는지, 의사가 했는지는 의외로 환자에겐 중요하지 않을 수 있다. 환자 입장에선 '현대 의학이 많이 발달했나 보다' 하면 그만이다. 훌륭한 인공지능이 생존율을 높이거나 사고 발생률을 떨어뜨릴 수 있다지만 그건 통계로 나타나는 것이다. 개인이 느낄 수 있는 차이는 아니다. 환자는 기존에 받지 못하던 서비스를 받을 때 놀라움을 느낀다.

인공지능은 그런 것을 해준다. 인공지능 의사는 개발하고 나면 복제하는 데에 드는 돈이 거의 들지 않는다. 한 명씩 교육시켜야 하는 인간 의사와는 차원이 다르다. 집집마다 기본적인 건강 상태를 꾸준히 체크할 수 있는 개인 의사 배치가 가능해진다. 환상적인 일이다. 누구나 한 번쯤 한 병원에 꾸준히 오래 다녔더니 의사가 자신을 잘 알게 되는 경험을 해봤을 것이다. 인공지능 의사는 이런 기분을 모두에게 느끼게 해 줄 수 있다. 모두가 개인 주치의를 곁에 두는 것이다.

개인 건강 관리 시스템 시장이 열린다

결국 인공지능 의사는 일상적인 건강 관리 시스템에 투입될 것이라고 생각한다. 병원에서 인간 의사와 자웅을 겨루는 것은 개인용 의사를 개발하기 위한 도구에 불과하다.

병원에서만 할 수 있는 일이 있다. 첫째는 기술 개발. 병원에만 의사들이 있을 뿐 아니라 또 병원만이 제공할 수 있는 의료용 데이터가 있다. 현재 시스템에서 병원을 벗어나서 의료용 기술을 개발할 수 있는 방법은 거의 없다.

나머지 하나는 바로 마케팅이다. 병원에서 의사들보다 뛰어난 결과를 낸 인공지능 의사가 나타나면 그 효과는 어마어마할 것이다. 구글이 알파고를 이용해 바둑에서 인류에게 처음 승리를 쟁취했을 때를 떠올리면 된다. 인간을 넘어서는 최초의 인공지능 의사 타이틀을 어떤 계기로 누군가 가져간다면 그 마케팅 효과는 상상을 초월할 것이다.

물론 개인적으로 인간 의사를 넘어선다는 것은 불가능하다고 본다. 인간이 더 뛰어나서가 절대 아니다. 단지 의료 행위는 바둑 같은 게임과 달리 승리에 대한 기준이 명확하지 않기 때문이다. 이건 마치 인간 의사들끼리도 누가 더 훌륭한지 정하기 어려운 것과 같다. 하지만 마케팅의 세계에선 무엇이든지 가능하다. 누군가가 대중들을 놀라게 할 부분을 찾아내서 적절히 포장한다면 없던 승리와 패배의 경계가 만들어진다.

기술이 개발되고 마케팅이 완료되면 기업의 다음 목표는 일반인용 건강 관리 시스템을 파는 일이다. 비타민을 팔고 매일 꾸준히 먹으면 건강에 좋다는 식의 건강 보조 식품 판매 전략은 이제 곧 사라진다. 정확히 어떻게 좋아지는지, 개인 습관이 컨디션에 어떤 영향을 미치는지 등의 정보를 제공한다.

이제 제품마다 적혀 있는 칼로리 정보를 찾으려 눈을 부릅뜰 필요가 없다. 어떤 음식을 얼마나 먹으면 살이 찌는지, 전날 먹은 야식에 몸이 어떻게 반응하는지 통계적으로 알게 된다.

숙취에서 가장 빨리 깰 수 있는 방법도 알 수 있다. 얼마만큼의 운동이 적당한지도 데이터로 추론한다. 기계에게 많은 정보를 줄수록 기계가 알려주는 정보도 많아진다. 당연히 기계와 오래 함께하는 것이 중요하다. 나중에는 기능이 더 다양해진다. 기계가 주는 정보를 바탕으로 잠이 부족한 사람은 숙면에 방해되는 요소가 무엇인지 스스로 원인을 추적해 볼 수 있다. 생활 속에 숨어 있던 알레르기 원인을 발견할 가능성도 있다.

황금알을 낳는 거위

기업 입장에선 이보다 좋은 선택지가 없다. 이런 제품에 대한 수요는 더 말해 봐야 입만 아프다. 일정 수준의 성능만 되면 불티나게 팔릴 것이다. 그런데 병원에 비치될 인공지능 의사보다 개발하기 훨씬 쉽다. 어디까지나 '건강 보조' 기능이기 때문이다. 사고가 나거나 책임을 질 일 자체가 없다. '어느 정도' 유용하기만 하면 된다. 따라서 고품질이어야 할 이유도 없고, 심사 과정 역시 깐깐하지는 않을 것이다.

인공지능의 특성상 사람들이 일정 기간 이상 사용할 가능성이 높다는 점도 기업에게 큰 이점이다. 사람들이 특정 건강 관리 제품에 정착하고 나면 이를 바꿀 이유가 별로 없다. 개인 데이터는 쌓이고 사람과 기계는 점점 서로 익숙해져 가니까. 제대로 인공지능이 작동하기만 한다면 상당수의 개인은 변화보다는 안정에서 오는 편안함을 택할 것이다. 한번 구매를 결정하면 일정 기간 꾸준히 사용료를 지불하는 제품. 바로 기업의 꿈 그 자체다. 더욱이 인공지능 의사를 바꾸는 일은 통신사를 바꾸는 일과는 차원이 다르다. 사용한 기간이 곧 기계에게 자신을 학습시킨 기간이기 때문이다.

이 건강 관리 시스템이 고객에게 병원에 가보라고 권유할 때, 이 제품의 위력은 다시 한 번 빛을 발한다. 갑자기 아플 때 이 제품은 어떤 진료 과목으로 가야 할지 조언한다. 만성 질환을 갖고 있는 경우에도 도움이 된다. 부지불식간에 증상이 심해지도록 방치하는 것을 막아 주기 때문이다. 몸이 안 좋으면 인터넷으로 검색해 보는 것이 일상인 현대인에게 이처럼 좋은 서비스는 없다.

기업 입장에서는 어떤 병원에 갈지 추천할 수 있는 막강한 권한을 쥐게 된다. 자신들이 개발한 인공지능을 갖춘 병원에 가라고 추천할 수도 있고, 혹은 계약 관계인 병원을 추천할 수도 있다. 투명한 보건 정책을 위해 정부가 이와 같은 의료 산업 주체들 간의 거래를 제한할 경우, 광고 형태로 매출을 발생시키면 된다. 광고까지 생각하면 방법은 정말 무궁무진하다. 혈당 관리가 약간 필요한 사람에게 집중 관리하는 키트를 사면 더욱 편하다고 정보를 준다. 근육을 만들고 싶은 사람에게 보조 식품 중에 어떤 것이 가장 적합한지 제안한다. 시력이 나빠지고 있는 사람에게는 근처 안경점이나 적당한 비타민을 추천한다.

이 모든 이점보다 기업이 취할 수 있는 최강의 이점이 있는데 바로 개인 정보다. 기업은 개인의 건강 관리를 해주는 대가로 개인에 대해서 모든 것을 알게 된다. 위에 말한 모든 것이 개인의 건강 정보를 기업이 이용할 수 있을 때 가능하다. 당연히 개인은 이에 동의해야만 인공지능 의사를 주치의로 둘 수 있다.

인공지능을 개발하기 위해서는 많은 양의 의료 정보를 기업들이 꾸준히 이용해야 한다. 그 정보를 얻어서 규격화하는 일은 쉽지 않다. 특히 요즘처럼 개인 정보에 민감한 시대에 사람들이 그 정보를 쉽게 줄 리도 없다. 하지만 개인 건강 관리 시스템은 소비자가 큰 고민 없이 기업에게 정보를 넘기는 데에 크게 일조한다. 분명 처음에는 건강 관리에 필수적이나 개인의 프라이버시랑은 큰 상관없는 작은 정보부터 기업에게 전달될 것이다. 그렇지만 개인 건강 관리 혜택을 수년간 누리다가 병원 진료의 필요성을 알게 된 환자가 병원에 찾아감과 동시에 자신의 건강 정보를 기업에게 하나도 넘기지 말라고 할 수 있을까? 정보를 제공했을 때의 혜택을 꾸준히 누려온 개인이 어떤 판단을 할까? 적어도 경험하지 않았던 환자들보다는 훨씬 관대한 자세를 취할 것이다.

기업에게 황금이 되는 개인 정보

건강 관리 데이터 확보는 기업 입장에서 상상하기 힘들만큼 행복한 일이다. 특히 기업에게 자유를 주고 손을 놓고 있으면 엄청난 변화가 찾아올 분야가 바로 보험 업계다. 건강 관리 데이터는 보험 회사에게 말 그대로 노다지 그 자체다. 개인 건강 데이터를 이용해 개인이 질병에 걸릴 확률을 계산한다면 개인마다 보험료를 다르게 책정할 수 있게 된다. 지금의 보험 상품과는 질적으로 다른 일이 벌어진다.

이런 상상을 해볼 수 있다. 보험사가 암 보험에 가입하려는 고객에게 보험료와 혜택을 제시한다. 고객이 가격을 보고 있을 때 보험사가 한 가지 제안을 한다. 고객이 사용하고 있던 건강 관리 시스템의 데이터를 넘기면 일시불로 얼마를 지불하겠다고 말이다. 그리고 그 데이터를 바탕으로 보험료를 다시 책정하자고 한다. 고객은 고민에 빠진다. 평소에 평균보다 건강하고 집안에 암 내력도 없다고 생각한 고객은 개인 데이터를 넘기면 보험료가 더 내려갈 수도 있다고 생각한다. 물론 보험료가 올라갈 수도 있다. 하지만 일시불도 챙기니까 나쁘지 않은 거래 같다. 그는 고민 후에 동의한다.

회사 입장에서도 손해가 절대 아니다. 당장은 불리한 협상을 했더라도 고객의 건강 관리 데이터를 얻었으니 그것을 분석해 그가 어떤 질병에 걸릴 확률이 높은지 분석할 수 있다. 차후에 다른 보험에 가입하려 할 때 직간접적으로 활용할 수 있다.

이와 같은 변화는 기업이 꿈꾸는 세상 그 자체다. 딱히 보험 업계가 아니어도 그렇다. 개인에 대한 전산화된 정보가 많으면 많을수록 더 정확한 마케팅이 가능하기 때문이다. 이메일을 사용하고 스마트폰이 보급되면서 받게 된 수많은 스팸 메일을 떠올려 보자. 페이스북에, 구글에, 자주 가는 웹 사이트 옆에 최근 검색에 기반한 여러 광고가 보이는 상황을 떠올려보자. 이제 그런 수준의 일이 개인의 건강을 둘러싸고 일어나려 한다.

물론 이런 큰 변화가 언제나 사회 구성원 전체의 이득으로 귀결될 수 있게 하는 것이 정부의 역할이다. 기업은 언제나 자신의 이윤을 최선으로 여길 뿐만 아니라, 그 끝을 모른다. 정도를 지키게 하여 기술 발달의 이득이 사회 전체에 고루 분배되도록 하는 것이 필요하다. 특히 건강에 관한 일이라면 말이다. 변화의 주체가 마음먹고 긴장을 놓지 않으면 얼마든지 가능한 일이다.

IV.

빅데이터

01

구글이 독감 유행을
먼저 안 이유

디지털 시대 기술 발달로 인해 현대인은 말로 설명하기 힘든 엄청난 양의 데이터를 만들어 내고 또 저장한다. 20년 전만 해도 디지털과 아날로그의 차이점 따위를 교과서에서 가르치며 각자의 장단점을 가르쳤다. 그러나 요즘 이것이 무의미해졌다. 매일 어마어마한 디지털화된 데이터가 생산되는데 그 양을 논해서 무엇하랴. 양을 직접적으로 얘기해도 무슨 의미인지 알 수 없다.

수년 전에 이뤄졌던 한 대담에 따르면, 2013년 저장된 정보의 양이 1,200엑사바이트에 이른다고 한다. 1엑사바이트는 1기가바이트 1,000배인 1테라바이트의 1,000배인 1페타바이트의

1,000배다. 값이 너무 커서 크기를 실감할 수 없다.

장담컨대 데이터 양은 점점 더 늘어만 갈 것이다. 데이터에 대한 욕구가 증가하고 있기 때문이다. 아주 간단하게 말하면 그저 인터넷 보급만 계속 늘어도 그에 따라 데이터가 늘어난다. 사람들의 계정 수도 늘어나고 사용한 검색어 수도 증가하며 주고받은 이메일의 수도 늘어난다. 모든 것이 데이터의 증가를 의미한다.

산업적으로도 마찬가지다. 자율주행 기술을 개발하기 위해 각종 상황이 모두 데이터화돼야 한다. 인공지능을 학습시키기 위해서 역시 데이터가 필요하다. 또한 지금 얘기하지 않은 여러 분야들에서도 많은 데이터를 만든다. 점점 커지기만 하는 온라인 게임 시장만 해도 유저들이 늘어날수록 유저들의 구매 기록, 채팅 기록 따위의 데이터가 양산된다.

빅데이터에 숨어 있는 가치

단순히 양만 많아진 것이 아니다. 일찍이 현인들이 양적인 변화가 극에 달하면 질적인 변화가 일어난다고 하지 않았던가. 데이터 세계에서도 그런 일이 일어나고 있다. 최근 몇 년 사이 기존에는 불가능했던 일들이 가능해졌다. 실제로 사람들은 그간 몰랐던 사실을 데이터를 통해 알아내고 있다.

가장 유명한 예가 바로 구글의 독감 예측 시스템이다. 구글은 검색창에 사람들이 입력한 독감 관련 검색어를 기반으로 독감이 실제로 어디에서 어떻게 퍼지고 있는지 예측하는 시스템을 만들어 2009년 서비스를 공개했다. 구글은 2009년 이전 검색어 기록으로부터 지역별, 시기별 독감 데이터를 예측할 수 있는 수학 모델을 만들었다. 5,000만 개의 검색어와 독감 데이터를 이용해 최종적으로 40여 개의 검색어를 선택했다. 그러고는 검색어와 독감이라는 상관없어 보이는 두 데이터들 사이의 관계를 찾아내는 데에 성공했다.

이 시스템은 수년간 놀랄 만큼 정확하게 작동했다. 특히 사람들의 검색어 기록으로부터 독감의 발병을 유추해냈기 때문에 질병의 유행에 매우 신속하게 반응한다는 장점이 있었다. 2013년 1월 구글은 보건 당국보다 2주 정도 빨리 독감의 유행을 예측하는 수준에 이르렀다.

데이터를 통해 핸드폰과 암 발병률 사이의 관계를 알아본 연구도 있다. 핸드폰의 전자파가 암을 유발하지 않을까 걱정하는 사람이 많다. 그런데 직접 인과관계를 밝히기도 어렵거니와 통계적으로 추적해서 알아내기도 쉽지 않다. 하지만 휴대폰 사

용과 관련된 데이터를 전부 활용한다면 불가능한 일은 아니다. 덴마크의 암 학회 연구 팀은 10년간 휴대전화에 가입한 수십만 명의 데이터와 중추신경계에 암에 걸린 수만 명의 데이터를 이용해 이들 사이에 상관관계가 있는지 살펴봤다. 2011년 연구 결과가 발표됐는데, 그다지 세상을 떠들썩하게 만들지 못했다. 휴대전화 사용과 암 발생 위험 사이에는 어떠한 통계적 증거도 없었기 때문이다.

이처럼 거대한 데이터는 기존에 불가능하던 작업을 가능하게 한다. 주의할 점은 지금 기술적인 얘기를 하는 것이 아니란 점이다. 데이터를 이용해 기존에는 보지 못했던 가치를 생산했다는 점이 중요하다. 이런 일이 가능해진 이유는 무엇일까? 데이터의 크기가 엄청나게 커졌기 때문이다.

구글의 경우 독감 유행을 알아낼 수 있는 간접적인 방법을 새롭게 알아냈다. 검색어와 독감과는 사실 거의 관련이 없다. 가족이나 본인이 독감에 걸리면 그에 대해 관심이 늘어난다는 것 말고는 없다. 이 작은 논리적 연관성 하나를 가지고 실제 유의미한 결과를 도출하기 위해서는 데이터의 질과 양이 좋아야 한다는 것은 두말할 필요도 없다.

사람들이 입력하는 셀 수 없이 많은 검색어 데이터를 하나

하나 다 저장하고 있었기에 가능한 일이다. 일정한 크기를 갖출 정도로 데이터가 많았기 때문에 이 작은 연관성이 유의미한 결과 도출로 이어진 것이다. 만약 데이터의 수가 모자라면 이와 같은 일은 불가능하다. 즉, 지역마다 딱 한 사람만 대표로 표본화해서 그 사람의 검색어를 가지고 독감을 예측한다고 생각해 보면 된다. 불가능한 것은 당연하다.

데이터의 질 역시 중요하다. 만약 이 데이터를 여러 가지 이유로 조작해서 간직했거나 선별 작업 등을 통해 데이터가 왜곡됐다면 이 또한 큰 방해가 됐을 것이다. 언뜻 잘 보이지 않는 경향성을 찾아내는 일이기에 데이터에 약간의 변화만 있어도 이 관계 자체가 아예 보이지 않을 수 있다. 그랬다면 구글의 독감 예측 시스템 구축은 불가능했을 것이다.

휴대전화와 암과의 관련성 역시 마찬가지다. 연구자들은 관련자들 모두에 버금가는 사람들을 추적 조사했다. 만약 기존처럼 표본 조사에 의존했다면 이 연구는 그렇게 큰 힘을 갖지 못했을 수도 있다. 하지만 엄청난 양의 실제 데이터에서 결론을 냈기 때문에 그만큼 더 높은 가치를 갖게 된다. 표본 조사를 통해 얻을 수 있는 신뢰와는 질적으로 다른 신뢰를 받게 된 것이다.

빅데이터의 특징

21세기에 들어서면서 인간은 유사 이래 다룬 적이 없던 거대한 데이터를 관리하게 됐다. 이 데이터는 매우 거대해서 새로운 가치를 품고 있다. 사람들은 이 데이터를 '빅데이터'라고 부른다.

큰 데이터야 예전에도 많았다. 그렇지만 최근 빅데이터라고 말을 따로 하는 이유는 이제 기술자들이 이를 관리하고 유용한 정보를 뽑을 수 있게 됐기 때문이다. 과거에는 기술 문제로 데이터로서 활용하는 데 한계가 있었는데, 이제 여러 어려움을 극복한 것이다. 이는 빅데이터의 특징을 살펴보면 잘 드러난다.

빅데이터의 특징은 따지고 보면 데이터로 관리하기 어려웠던 이유를 하나하나 나열한 것이다. 장애가 됐던 이유들을 극복하면서 오히려 그 장애가 데이터의 특징이 된 것이다.

빅데이터의 첫 번째 특징은 당연히 매우 크다는 점이다. 사이즈의 절대 기준은 없다. 보통의 컴퓨터와 앱으로 작업이 불가능하거나 혹은 작업 시간이 너무 오래 걸리면 빅데이터로서 사이즈 요건은 갖췄다고 본다. 마이크로소프트의 엑셀로 불러올 수 없을 정도의 크기이기만 해도 무시할 수 없다. 엑셀의 한계만도 백만 행이 넘기 때문이다. 정확한 한계는 1,048,576행

×16,384열이다. 어쨌든 매우 크다는 의미를 잘 파악해야 한다. 통상의 조건에서는 크기 때문에 문제가 발생한다는 뜻이니까 데이터의 크기가 단순히 컴퓨터가 빠르면 문제가 해결되는 수준을 넘어서기는 해야 한다. 잘 알려진 빅데이터들은 사람들의 상상을 넘어설 정도로 크다. 기상청에서 관리하는 기상 정보, 매일 쏟아지는 증권 정보, 이런 것들이 전부 빅데이터가 될 수 있다.

두 번째 특징은 데이터의 다양성이다. 빅데이터는 정형화돼 있지 않을 수 있다. 수많은 사람이 만드는 검색어만 해도 몇 글자인지, 띄어쓰기가 어떤지 전혀 정해지지 않았다. 심지어 그림으로 검색하기도 한다.

기존에 다루던 데이터가 비슷한 크기의 책을 가지런히 꽂을 수 있는 잘 짜인 책장 같은 것이라면 빅데이터는 아무거나 다양한 것을 갖다 놓을 수 있는 장식장이다. 모든 데이터를 왜곡 없이 갖고 있어야 한다는 면에서 다양한 형태의 데이터를 있는 그대로 유지 관리할 수 있는 능력은 필수이다.

세 번째 특징은 속도다. 또다시 검색어 데이터를 예로 들면, 이 데이터는 이 순간에도 엄청난 양이 쌓이고 있다. 현재 빅데이터라 불리는 것들 태반은 매일매일 엄청나게 데이터 양이 늘어나고 있다. 검색어 기록, 날씨 기록, 구매 내역, 업로드한 사진 등 어느 하나 누적 양이 줄어들 이유가 없는 것들이다. 이와 같은 속도는 당연히 빅데이터를 가치 있게 관리하는 데에 장애 요소지만 또 빅데이터 자체를 가치 있게 만드는 부분이기도 하다. 언제나 현재를 표상하는 자료를 데이터 안에 품고 있기 때문이다. 구글이 독감의 유행을 질병관리본부보다 먼저 예측할 수 있었던 점을 상기해야 한다.

요컨대 온갖 장애를 극복하고 만들어진 빅데이터는 새로운 가치를 창출할 수 있는 잠재성이 있다. 모든 데이터를 있는 그대로 다 갖고 있기에 매우 정확한 정보가 포함돼 있으며, 또 이를 바탕으로 기존에는 불가능했던 연구를 수행할 수 있다. 이런 성질 덕에 빅데이터는 모든 사람의 큰 관심을 받았다. 그리고 이미 수많은 산업 현장에 쓰이고 있다.

대형 하드 디스크에 데이터를 많이 모으면 빅데이터?

빅데이터가 어떤 변화를 가져왔고, 또 앞으로 더 가져올지 알기 전에 살짝 언급할 부분이 있다. 바로 빅데이터와 관련된 기술 발전이다. 다들 눈치챘겠지만, 기술적으로 큰 발전이 있었기 때문에 빅데이터가 존재할 수 있다. 단순히 컴퓨터가 빨라진 정도를 넘어 여러 가지 관련 기술들이 발전했다. 대규모 데이터를 분산해서 저장하고 관리할 수 있는 기술이 개발된 것이다. 쉽게 말해 이전처럼 데이터 분석을 위해 한곳에 데이터를 모으고, 이것을 엄청나게 빠른 컴퓨터가 분석한 후, 다시 이 결과를 여러 사람에게 나눠주는 형태에서 벗어났다. 덕분에 데이터를 한곳에 모으지 않아도 데이터 관리가 가능하다.

데이터는 수집된 그 자리에서 분석된다. 여러 컴퓨터가 동시에 데이터를 각자 관리하는 형태가 된 것인데, 이런 구조를 '병렬식 구조'라 한다. 덕분에 속도 향상은 물론이거니와 데이터의 안정성까지 확보할 수 있게 됐다.

흔히 '자료구조론'이라고 하는 과목이 컴퓨터가 다루는 데이터에 관한 것이다. 이 과목은 대학교에서 배우기에도 매우 어려운 과목에 속한다. 따라서 지금 이 내용을 정확히 전부 설명하기도 어렵고 또 이해하기도 쉬운 일이 아니다. 그럼에도 불구하고 기술 발전을 언급하는 이유는 이 모든 것이 다 기술자들의 노력에 의해 이뤄졌다는 것을 한번 쯤 상기하기 위해서다. 단순히 큰 하드 디스크를 사서 데이터만 모으면 빅데이터가 되는 것이라 착각하는 사람들이 있으면 안 되니까 말이다.

02

빅데이터는
사실을 말한다

　　　　　　빅데이터를 이용한 몇몇 성공은 시사하
는 바가 크다. 가장 유명한 얘기 중 하나인 미국의 온라인 기
업 아마존을 얘기하지 않을 수 없다. 아마존은 온라인으로 책
을 팔던 회사다. 회사 내에 편집자들과 비평가들이 좋은 책을
웹페이지에 리뷰하고 추천해서 책을 판매했다. 지금은 유통업
의 공룡이 된 아마존도 과거에는 기껏해야 이런 일을 하고 있
었다. 다른 기업과 전혀 다를 바 없이 평범했다는 의미다.

　물론 아마존 CEO 제프 베조스는 차이를 만들었다. 그는 개
개인의 구매 성향에 맞춰 책을 추천한다면 기존 방식보다 훨
씬 효과적일 것이라 생각했다. 아마존은 개개인의 구매 내역을

소중히 잘 간직하고 있었고, 이를 분석했다. 단순히 최근 구매한 책 몇 가지를 이용해 분류상 비슷한 책을 화면에 띄우는 수준을 넘어서기 위해 구매자들의 구매 내역 데이터를 꼼꼼하게 검토했다. 결과는 대성공이었다. 아마존은 책 리뷰를 쓰던 편집 팀을 해체했다. 2010년도 초반 즈음에 알려진 바에 따르면, 아마존 매출의 3분의 1은 이 데이터 분석을 통한 추천 목록에서 나온다고 한다.

또 다른 성공의 예를 알아보자. 한국에서는 유명하지 않았지만 페어캐스트라는 회사가 있었다. 이 회사는 항공권 가격의 변화를 예측하는 시스템을 개발했다.

항공권은 오직 항공사만 아는 이유로 가격이 오락가락한다. 출발일까지 남은 날에 따라서, 도착지가 어디인지에 따라, 혹은 계절에 따라서도 다르다. 페어캐스트는 항공권 가격의 변동을 예측하기 위해 웹페이지에서 항공권의 가격 변동을 전부 조사했다. 그리고 이 데이터를 분석해서 가격 변동을 예측할 수 있는 시스템을 만들었다. 결과는 성공적이었다. 페어캐스트는 1억 달러가 넘는 가격에 마이크로소프트에 팔렸다.

예측할 수 없는 상관관계

위의 두 사례를 통해 빅데이터를 이용해 얻은 정보의 성질을 논할 필요가 있다. 기존의 정보들과는 매우 다른 성질이 있기 때문이다. 빅데이터가 전하는 정보는 정보들 사이에 어떤 인과관계를 상정하지 않는다. 특정 책을 구매했던 사람이 다음에 어떤 책을 구매하는 경우가 많았는지를 말할 뿐이다.

이 사람은 어떠한 취향이 있고 이런저런 생각에 빠져 있기 때문에 이 책이 맞을 거라는 식의 추천이 아니다. 그냥 그런 것이다. 많은 사람이 그러했으니 이 사람도 그럴 가능성이 높다고 데이터는 말한다. 그런데 이 데이터는 거의 모든 것을 품고 있어서 추정이나 짐작을 말하지 않는다. 실제로 그러니까 그런 거라고 말할 수 있는 권위를 가진 것이다.

두 번째 예는 더욱 극적이다. 항공사가 항공권의 가격을 바꾸는 데에는 분명 여러 가지 기계적인 원인이 있다. 여러 변수로 이뤄진 복잡한 함수일 것이라 예상 가능하다. 그런데 페어캐스트가 만든 시스템은 가격을 결정하는 함수를 모른 채 앞날을 예측했다. 인과관계로 이뤄진 어떤 것의 변화를 그 인과관계에 관한 추정 없이 찾아낸 것이다.

이 차이는 작지만 의미는 작지 않다. 예를 들어 쇼핑센터는 구매 의욕을 높이기 위해 물건 배치부터 신경 쓴다. 물론 합리적인 추론을 바탕으로 한다. 크리스마스에는 관련 상품을 전면에 배치하는 식으로 말이다.

기존 방식대로라면 적당히 정보를 활용한다고 하더라도 이 합리적 추론의 틀에서 벗어나지 못한다. 어떤 물품이 잘 팔리면 그 이유가 설명돼야 사람들은 이해하고 움직인다. 데이터가 추천한 물건이 엉뚱할 경우 그 추천을 믿고 따르기에는 조심스럽다.

그러나 이제 다르다. 모든 것을 품은 데이터가 사실을 얘기하고 있다. 미국의 월마트는 허리케인이 온다고 하면 손전등만 준비하는 것이 아니라 달콤한 과자도 전진 배치하여 매상을 높일 준비를 한다. 데이터가 그렇게 하라고 시키기 때문이다.

이쯤에서 빅데이터가 지닌 엄청난 가치를 짐작할 수 있다. 데이터를 분석하면 인간이 상상할 수 없던 상관관계를 찾을 수가 있다. '합리성'이라는 이름의 편견 때문에 볼 수 없던 관계들이 데이터 안에는 고스란히 들어 있다.

발견된 데이터들의 상관관계를 이해하지 못할 때도 적지 않다. 그러나 중요한 것은 데이터는 이들의 관계를 말해 줄 수 있다는 사실 그 자체다. 이해할지 이용할지는 그다음 문제다. 경

제 가치가 파생될지, 학문 가치가 파생될지 따위는 전적으로 데이터 사용자의 판단에 달려 있다. 빅데이터가 보여주는 '있는 그대로'의 가치는 이 자체로 충분히 대단하다.

구글이 독감 유행을 예측하는 데에 사용한 데이터만 해도 피검자의 머리카락이나 침 같은 생리학적인 것이 아니었다. 그저 독감 걸린 사람이 인터넷과 연결돼 있으면 어떤 행동을 하는지를 분석해 패턴을 파악한 것이다. 빅데이터를 이용하면 인터넷과 독감 사이의 상관관계를 찾을 수 있는 것이다.

구글 독감 트렌드는 그나마 양반이다. 보험 회사들은 질병에 걸릴 위험을 알기 위해 고객의 정보를 이용하는데 전혀 의학적이지 않은 데이터를 이용한다. 소변 검사 같은 것들은 고객들이 거부감을 갖고 있을 뿐 아니라 비용도 많이 든다. 하지만 간단한 설문 조사를 통해 파악할 수 있는 데이터들, 예를 들어 소득이나 취미 따위의 데이터들로부터 원하는 정보를 얻어낼 수 있다면 얘기가 다르다. 보험 회사들은 생활 방식과 관련된 데이터와 질병 사이의 상관관계를 상품 개발에 이용하기도 했다. 빅데이터 덕분인 것은 더 말할 필요도 없다.

인간이라는 블랙박스를 푸는 열쇠

지금 이 시기에 빅데이터의 가장 큰 장점을 바로 유추해 볼 수 있다. 인과관계든 상관관계든 관계가 숨겨져 있어서 경향성을 파악하기 힘들 때 빅데이터는 엄청난 위력을 발휘할 가능성이 높다. 특히 어떤 데이터를 어떠한 방법으로 수집하는 것이 적당한지도 모를 때 말이다.

빅데이터는 데이터화할 수 있는 상상할 수 있는 모든 것이기 때문에 전혀 상상하지도 못하던 상관관계를 말해 줄 수도 있다. 따라서 데이터를 얻기도 까다롭고, 그 형태도 너무 다양하며, 인과관계가 쉽게 파악이 안 되는 분야를 관찰할 때 막강한 위력을 발휘할 것이다. 이런 분야가 바로 딱 떠오른다. 바로 인간 집단, 대중에 관한 것이다.

지난 수십 년 동안 비교도 안 되게 데이터의 양과 질이 많아진 것이 바로 개인 정보다. 인터넷을 통해 여러 활동을 하면서 인간은 스스로 자신에 대한 엄청난 양의 데이터를 만든다. 각종 엔터테인먼트 활동은 물론이고 쇼핑, 학습도 인터넷으로 가능하다. 그리고 대부분의 이런 활동은 인터넷을 통해 데이터화된다. 육체 활동도 마찬가지다. 육체의 욕구는 인터넷으로 풀 수 없지만, 데이터화는 가능하다. 사람들은 운동하면서 자신의 생체 신호를 전자 장비로 기록하며 데이터를 남긴다.

이제 인간 활동들 사이에 숨어 있는 상관관계를 찾아낼 수 있는 더 없이 좋은 환경이 됐다. 인간이기에 당연하게 느끼고 편견 속에 묻어 놨던 것들이 데이터 분석을 통해 우리 앞에 드러날 시간이다. 인간을 대상으로 한 실험들로 발견하지 못했던 것조차 알아낼 수도 있다. 생물학적, 심리학적 실험의 필요나 가치를 다시 생각하게 될 수도 있다.

같은 맥락에서 빅데이터를 이용한 대단히 성공적인 예들이 하나같이 기업의 고객 분석과 관련이 있는 이유도 이해할 수 있다. 실제로 거대 기업들은 최근 빅데이터 기술 발전에 발 빠르게 대응했고, 결과는 이미 여러분이 알고 있는 것과 같다. 온갖 사회관계망서비스에는 어떻게 알았는지 개인의 취향을 저격한 광고들이 즐비하다. 인터넷 쇼핑몰의 추천 상품이 정확히 내가 찾던 것일 때가 있다. 쉽게 말해 이보다 더 성공적일 수는 없다.

빅데이터 때문에 이론이 종말?

2008년 세계적인 IT 잡지 〈와이어드〉의 편집장인 크리스 앤더슨은 "과학적인 방법이 구식이 됐다"라고 말했다. 지금과 같은 데이터 홍수의 시대에 이론이 필요하지 않다는 뜻으로 한 말이다. 그에 따르면 복잡하고 다양한 현상을 제대로 파악하기 위해 이론을 발견하여 정리할 필요가 없는 시대다. 이제 현실을 오롯이 담고 있는 데이터 자체를 다룰 수 있다. 알고 싶은 사실이 있으면, 이 데이터에게 물어보면 된다. 상관관계가 있다면 데이터가 직접 말해 줄 것이다.

앤더슨이 이 주장과 함께 몇 가지 쉽게 이해할 수 없는 말들을 덧붙인 덕에 이 논쟁은 대단히 격렬해졌다. "이론의 종말"이라느니 "전통적인 과학적 발견 과정은 이제 쇠퇴할 것"이라느니 등의 말이 그것이다. 앤더슨의 옳고 그름에는 관심이 없다. 그러나 사람들이 기술이나 과학에 대해 잘못 아는 것은 원하지 않으니까 첨언하자면, 과학은 데이터들 사이에서 이론과 법칙을 찾아내는 데에 가치를 둔다. 상관관계가 발견되면 원리를 이해하는 것이 목적이 된다. 따라서 이론이 종말을 고할 것이라는 예상과는 정반대가 될 것이다.

빅데이터가 수많은 상관관계를 밝히면 밝힐수록 이론가들이 해야 할 일은 더욱 많아진다. 물론 이론 따위는 필요 없고, 결과만 중요한 몇몇 기술자들이나 사업가들에게는 어차피 이미 상관없는 일일 테다.

특정 분야가 대단히 성공적인 시간을 보낼 때 종종 사람들은 그것의 가치를 과대평가한다. 20세기 초반, 물리학자들은 세상의 진리를 다 깨달은 줄 알았다. 당시에 몇몇 상수들만 정확히 측정하면 이해하지 못할 일이 없다고 생각했다. 비교적 최근에는 국내 어느 생물학자가 자신의 저서에서 "생물을 잘 이해하면 결국 인간도 잘 이해할 것"이라는 말을 하며, 생물학을 잘하는 것이 얼마나 중요한지에 대해 썼다. 금방이라도 세상을 전부 이해할 것 같았던 통섭 이론도 들어 봤을 것이다. 최근엔 뇌 과학자, 인공지능 기술자들도 모두 비슷한 모습을 보인다.

수년 전 빅데이터 종사자들도 마찬가지였다. 이들이 어떤 심리로 이런 과도한 발언을 하는지는 알 길이 없다. 그리고 보니 발전된 빅데이터 기술이 왜 이런 말을 하는지 말해 줄지도 모르겠다는 생각은 든다.

03

지적 노동의
위기?

'잉키트Inkitt'라는 회사는 출판 업계가 바짝 긴장할 만한 놀라운 도전장을 내밀었다. 이 회사는 출판할 원고를 데이터 분석을 통해 결정한다. 저자가 원고를 등록하면 회원들이 자유롭게 읽을 수 있도록 한 후 반응을 살핀다. 이때 회원들의 성별, 연령 등을 다각적으로 고려한다. 출판사는 자체 개발한 로직을 통해 원고에 점수를 매기는데, 일정 수준을 넘는 점수를 획득한 원고를 출판한다.

보통의 출판사에서는 편집자가 하던 일이다. 편집자는 기획안이나 원고를 검토해 한 권의 책으로 펴낼 만한지 가늠한다. 하지만 인간 편집자는 주관적이며 편견에 쉽게 휩싸인다. 항상

Get Published with Inkitt

When you share your novel on Inkitt, we analyze the engagement of
your readers and offer high-performing novels a publishing deal.
Read more about our publishing process ...

Loved by People Around the World

잉키트 홈페이지.

성이 없고 때로는 공정하지 못하다. 데이터를 기반으로 한 인공지능 알고리즘은 이런 단점이 없다. 언제나 최선의 결과를 내는 법을 찾는다. 또한 데이터가 쌓이고 경험이 축적될수록 성능은 더욱 좋아진다. 잉키트는 2017년 말까지 모두 37권을 출간했는데 이중 23권이 아마존 인기도서 100위 안에 들었다.

나만을 위해 기사를 쓰는 로봇 기자

빅데이터를 이용한 인공지능의 알고리즘은 사람의 지적 노동을 어느 정도 대체할 수 있다. 새로운 콘텐츠를 만드는 분야도 예외가 아니다. 인공지능 의사도 개발되고 있는 마당에 직관적인 수준에 머무르는 일을 기계가 못할 이유가 없다. 특히 고도의 수련이 필요하지 않은 지적인 활동은 얼마든지 대체 가능하다.

사실을 전달하는 간단한 기사는 벌써 기계가 작성하고 있다. 이미 2015년 AP통신은 벤처기업 '오토메이티드 인사이트 Automated Insights'에서 제공한 알고리즘을 가지고 기사를 썼다. 로봇이 기사를 작성하는 '로봇 저널리즘'은 이미 하나의 현상이며 꾸준한 흐름이다. 영국 옥스퍼드대학교의 로이터 저널리즘 연구소는 전 세계 주요 언론사를 대상으로 한 2018년 보고

서를 통해, 59%에 달하는 언론사가 콘텐츠 제작에 인공 지능 기술을 활용 중이라고 했다. 한국에서도 로봇 저널리즘이 확산되고 있다. 2018년 6월에 소개된 로봇 기자는 주식 시황을 종합하고, 종목별 특징을 분석하는 임무를 맡았다. 특정한 로봇 기자를 언급하는 게 홍보처럼 비춰질까 조심스러울 정도로 경쟁이 이미 치열하다.

사람이 금방 쓸 수 있는 기사를 로봇에게 시키는 이유는 반복되는 일을 수행하는 데에 로봇이 훨씬 적합하기 때문이다. 예를 들어, AP통신이 알고리즘을 통해 작성한 기사 수는 2015년 이미 매달 1,000개가 넘었다. 사실 경제 상황 분석과 보고를 위해 취재해야 할 기업이나 데이터는 너무 많다. 한 사람이 이 모두를 종합하고 분석해서 글을 쓰는 일은 결코 쉽지 않다. 데이터 정리와 분석은 로봇이 훨씬 잘할 수 있는 일이다. 24시간 일어나는 일들을 놓치지 않고 취합할 수 있다는 점도 강점이다.

이에 더해 궁극적으로 인공지능 기자만이 갖는 강점이 하나 더 있다. 바로 독자 맞춤형 기사를 생산할 수 있다는 점이다. 인공지능 기자는 개별 독자가 원하는 정보를, 원하는 시간에, 원하는 형태로 취합해 제공할 수 있다. 예전처럼 단순히 댓글이나 클릭 수만으로 독자의 기호를 판별하는 시대는 흘러간 강물이다. 기술은 준비됐고 데이터는 쌓이고 있다.

중요한 포인트는 독자의 반응이 좋은 기사를 만드는 게 아니라 독자에 맞춰 기사를 '만들어' 낼 수 있다는 점이다. 이런 수준까지 가면 인공지능 기자가 작성한 단순한 기사는 더 이상 단순하지 않다. 기사 하나하나가 고객의 취향에 맞게 제작돼 개별 전송된 것이기 때문이다. 인공지능 기자는 빅데이터를 이용하여 새로운 가치를 창출한다. 간단한 기사를 작성하는 것은 인간도 할 수 있고 기계도 할 수 있다. 하지만 독자의 성향을 분석하고, 기사마다 독자의 선호도를 살펴, 독자마다 다르게 기사를 전달하는 일은 오로지 기계만이 할 수 있다.

도구적 인간은 여전히 유효

인간의 전유물이라 여겨지던 지적 노동을 기계가 대체한다는 데에 사람들은 막연한 불안을 느낀다. 하지만 불안할 필요가 있는지 없는지는 두고 볼 문제다. 앞으로 많은 종류의 정신노동이 로봇으로 대체되겠지만, 대부분의 경우 변화가 위험한 이유는 변화의 속도 때문이지 변화 그 자체 때문이 아니다.

지금 당장은 인간에게 해로운 변화는 없다. 정신노동의 일부를 기계가 대신하는 것은 맞지만, 그 덕분에 인간은 자신만의 일에 더 집중하게 될 것이다. 보완적인 관계로 보는 게 적절한 단계다. 아직 변화의 속도가 빠르지 않은 것이다. 사람들은 충분히 변화에 적응할 시간을 가질 수 있다.

출판계의 예를 들어 보자. 출판은 콘텐츠 개발, 원고 교정 및 편집, 영업, 마케팅과 같은 지적 노동이 집약돼 있는 대표적인 분야다. 만약 출판할 원고나 기획한 콘텐츠의 시장 적합도를 판단하는 일이 인공지능의 몫이 된다면, 편집자는 원고 파악, 시장성 파악, 유사 도서 분석, 차별성, 출간 적합성 등을 파악하고 문서화하며 보고하는 등의 업무 부담을 줄일 수 있다. 대신 원고를 책으로 완성하는 데에 필요한 다른 값진 일에 더 집중할 수 있다. 기획을 보완하거나, 더 많은 저자를 찾아보거나, 디자인과 편집에 더 집중할 수 있게 된다. 기계 덕에 찾아오는 것은 축복이지 위기가 아니다.

기자들의 사정도 다르지 않다. 스포츠 기자의 경우 경기 결과를 빠르게 보고하기 위해 미리 기사를 써 놓고 경기가 끝나기만을 기다릴 필요가 없다. 로봇은 기사 작성에 필요한 시간이 거의 없다고 봐야 한다. 따라서 미리 써 놓은 원고를 전송하다 실수하는 일도 없다. 로봇이 벌어준 여유 시간 만큼 기자 자신만의 취재를 할 수 있다.

이런 기술을 가장 빠르게 적용할 수 있는 종목이 프로 야구다. 야구는 통계가 크게 유용한 몇 안 되는 스포츠 중 하나다. 종목 특성에 더해 매일 경기가 열려서 데이터화할 것이 많기 때문에 선수들의 성적을 데이터화해서 분석하면 선수의 가치를 금방 파악할 수 있다. 하지만 데이터가 하는 일은 딱 여기까지다. 가치가 높은 선수와 연봉 협상을 하거나 이적시키는 일, 그들과 함께 팀을 만드는 일은 여전히 사람이 해야 한다.

빅데이터가 고도로 발전하면 감독 대신 단말기가 답하고, 구단주 대신 컴퓨터가 일할까? 감독도 작전을 구사하기 전에 인공지능에게 물어보는 날이 올 수는 있다. 그러니까 빅데이터 기술이 감독의 경기 운영에도 크게 도움이 될 정도로 발전할 수 있다는 얘기다. 하지만 결국 결정하는 존재는 사람이고, 그것을 실행하는 존재도 사람이다.

빅데이터를 이용한 분석은 아주 좋은 판단 자료를 제공한다고 한다. 그래서 때로는 마치 판단을 대신하는 것처럼 여겨진다. 하지만 잘 들여다보면 아직 현실은 그렇지 않다. 빅데이터는 대단히 유용한 도구다. 도구를 사용하는 인간이 해야 할 일이 아직 많다.

콘텐츠 디렉팅에 길이 있다

보다 앞을 내다보려면 인정할 것은 과감하게 인정해야 한다. 인간은 적절하게 학습한 인공지능을 이길 수 없다. 빅데이터가 통계적인 답을 제공할 수 있는 영역에서, 인공지능이 학습할 수 있는 조건이 마련된 분야에서 인간은 기계보다 뛰어날 수 없다. 아마존에서 책 리뷰를 쓰던 편집 팀을 해체한 것을 상기해 보라. 출판 시장이라면 판매 부수로 명확히 채점될 것이다. 학습이 가능하다는 이야기다.

그런데 역으로 말하면 통계적으로 답을 얻기 어려운 분야에서는 여전히 인간의 지적 능력이 필요하다는 의미이다. 대표적인 게 바로 창작의 영역이다. 특히 협업에 의한 창작은 근시일 내에 인공지능이 쉽게 접근할 수 있는 부분이 아니다. 창작은 인간 고유의 영역이라는 식의 감상적인 얘기를 하는 게 아니다. 창작은 통계적으로 접근하기 힘든 부분이기 때문에 로봇보다 인간에게 유리하다. 여기에 더해 지능을 지닌 주체와의 의사소통이 필요한 작업이라면 더더욱 인공지능에겐 불리하다.

영화를 생각해 보자. 어떤 영화가 흥행할지, 어떤 공식이 유리할지 인공지능이 충분히 분석하여 제작자에게 알려줄 수 있다. 하지만 영화를 만드는 것은 감독이고, 감독은 배우 및 스태

프와 협업해야 한다. 인공지능이 지시한 대로 모든 것이 딱 돌아갈 수 있을까? 최선의 결과는 통계적인 답으로만 만들 수 없다. 우리 세상은 인간들 간의 상호작용으로 돌아간다. 인공지능 의사가 나와도 문진이 중요하고 환자와의 소통이 중요한 것과도 일맥상통하는 얘기다.

그렇다면 기존 대형 출판사의 편집자나 거대 언론사의 편집장이 하던 업무에도 약간의 변화가 생긴다. 어떤 원고가 인기 있을 것이고, 어떤 기사가 좋은 기사인지의 판단은 사실상 로봇이 해주는 셈이다. 편집자의 역할은 좋은 원고의 생산에 더욱 집중된다. 또한 좋은 원고 집필자를 만드는 교육적인 임무가 더 강조될 것이다. 그것이 인간이 고유하게 강점을 갖는 일이니까 말이다.

출판사에서 편집자와 인공지능이 공존하는 경우를 가볍게 상상해 보자. 원고 하나가 출판사에 도착했다. 원고를 분석한 인공지능은 이 원고의 성공 가능성이 48%라고 보고했다. 편집자는 어떤 선택을 할까? 사실 어떤 선택을 할지 고민하는 것 자체도 편집자가 중요한 역할을 한다는 것을 의미한다. 기계적으로 50%를 넘지 못했으니 자르면 될까? 하지만 편집자라면 48%짜리 원고를 60%로 만들 아이디어를 낼 수도 있다.

요컨대 이제 개별 창작자들은 '감독' 역할을 해야 한다. 창작자들이 자신의 창작물을 평가받고 판매할 수 있는 통로는 아마 점점 거대하게 플랫폼화될 것이다. 플랫폼을 제공하는 회사는 빅데이터를 이용해 창작자들에게 유용한 정보를 제공하고, 그들의 창작을 독려하고 관리한다. 자연스럽게 편집자들은 창작자들을 디렉팅하는 쪽에 집중한다.

사실 벌써 변화를 관찰할 수 있는 분야가 있다. 거대 플랫폼 회사 유튜브에는 수많은 개인 창작자들이 동영상을 만들고 있다. 잘 정착한 이들은 각자 자신의 감독, 작가들과 팀을 이루고 있다. 개인 방송에 막 진입한 사람들을 모아서 좋은 작품을 만들 수 있도록 디렉팅을 하고 이윤을 나누는 회사도 있다. 이처럼 새로운 회사, 새로운 창작자들이 조금씩 새로운 질서를 만든다. 인간은 적응할 수 있다. 이 또한 인간이 가진 강점이다.

04

'예언자'
빅데이터

톰 크루즈가 주연한 영화 〈마이너리티 리포트〉를 기억하는 사람이 많을 것이다. 주인공은 앞으로 일어날 범죄 영상을 본다. 이를 토대로 범죄가 일어나기 전에 범죄 행위를 막고 앞으로 범죄자가 될 사람을 체포하는 것이 주인공의 임무다. SF 영화답게 미래의 진보한 기술을 보여줘서 많은 화제가 됐다. 특히 주인공이 현란하게 만지는 입체 디스플레이 기술은 많은 사람들을 매혹했다. 더불어 인간과 자유 의지에 관한 철학적 질문도 효과적으로 전달했다.

그런데 정작 앞으로 일어날 범죄를 예측하는 시스템은 상당히 비과학적으로 묘사된다. '예언자'라고 하는 다소 받아들이

기 힘든 존재가 앞날을 예측한다. 예언자가 어떻게 미래를 보는지, 그들이 본 미래가 어떻게 영상화되는지는 영화적 요소로 표현된다. 영화 속 미래 자동차의 모습, 경찰의 최첨단 무장 시스템 등에 사람들이 큰 관심을 보인 것과 대조적이다. 이유는 분명하다. 영화가 개봉한 2002년 당시에는 미래 예측과 관련한 기술들이 전혀 현실적이지 않았기 때문이다. 당시 사람들에게는 허황된 얘기였다.

하지만 지금은 아니다. 망상이 상상으로 전환되는 시대가 왔다. 뇌의 신경 구조를 분석하여 네트워크에 업로드한다는 아이디어는 20년 전에는 애니메이션 〈공각기동대〉에서나 등장하는 만화적 상상이었다. 그러나 이제 TED에서 강연 주제로 다뤄진다. 게다가 이제 앞날을 예상하는 데 도움을 줄 수 있는 기술도 등장했다. 바로 빅데이터 기술이 그것이다.

빅데이터가 만드는 〈마이너리티 리포트〉

앞날에 일어날 범죄를 미리 예방한다는 개념이 아예 생소하지는 않다. 이미 수많은 각국 정보기관이 테러 관련 공작을 사전에 인지하여 차단한다. 그리고 이를 위해 엄청난 양의 정보를 활용한다. 부정적인 사례지만, 미국 국가안전보장국은 엄청난 양의 정보를 도청한 일이 폭로되어 곤혹을 치렀다. 알려진 바에 의하면, 2003년 이미 미국 통신 회사 AT&T는 매일 100만 통 이상의 이메일을 국가안전보장국에 전달했다. 한 해 동안 보고되는 전화 통화만 11억 통이라고 하니 그 규모를 짐작하는 것조차 힘들다. 게다가 이 일을 10년이나 했다고 한다. 도청이 불법이었는지 아닌지에 대한 정치적이고 윤리적인 얘기를 잠시 접어두고, 기술 측면에서만 생각할 때는 상당히 흥미로운 부분이다. 빅데이터를 이용해 유의미한 정보를 얻은 사례니까 말이다.

대테러 작전 중 빅데이터를 활용한 예는 그래도 범죄 징후를 알리는 직접 증거를 찾는다고 추정할 수 있다. 그런데 미래의 빅데이터 기술은 이보다 더 놀라운 일을 할 가능성이 있다. 범죄를 실제로 예측하는 것이다. 더 이상 공상 과학 소설이 아니다.

실제로 미국에는 이미 여러 범죄 예측 프로그램이 있다. 2012년 이미 미국 로스엔젤레스에서는 '프레드폴PredPol'이라는 범죄 예방 프로그램을 도입하여 범죄율을 많이 낮췄다고 한다. 기본적으로 범죄가 일어날 가능성이 높은 환경과 지역을 특정하여 순찰을 강화하는 방식이다.

그런데 먼 미래에 기술이 더 발전하면 더욱 놀라운 일이 생길 가능성도 있다. 앞서 확인했듯 빅데이터 기술은 실낱같은 상관관계도 밝혀낸다. 바로 빅데이터 분석을 통해 범죄 가능성이 매우 높은 사람을 알아내는 것이다. 이때 이용될 정보는 엄청나게 다양할 것이 분명하다. 직장 유무나 월 소득 따위는 매우 기초적인 정보다. 전산화된 모든 정보가 이와 같은 상관관계를 찾기 위해 이용될 수 있다. 학교에 남아 있는 기록, 직장 유무, 핸드폰 사용 내역, 검색어 기록이나 옷 취향, 선호하는 영화, 음악 장르, 수면 패턴까지 분석의 대상이다.

기존 범죄자들의 행동 패턴이 철저하게 분석되면 그와 비슷한 경향을 보이는 다른 사람들을 찾아내서 주의 깊게 살펴보는 것도 가능하다. 그러면 분명 특이한 몇몇 패턴들이 찾아질 가능성이 높다. 혹여나 범죄 유형별로 분류되기까지 한다면 정말 유용할 것이다.

기술적으로 충분히 가능하다고 본다. 범죄 예측 대상이 환경에서 사람으로 바뀐 것 밖에 없다. 절대 불가능한 일이 아니다. 범죄 현장 정보를 이용해 프로파일링을 하고 있다는 점도 생각하면 더더욱 그러하다. 이런 종류의 데이터 분석을 제일 잘하는 것이 빅데이터라는 것을 늘 주지하고 있어야 한다.

또한 개인을 대상으로 범죄를 예측하는 시스템이 개발되지 않을 것이라 마냥 생각하는 것도 순진하다. 발달한 시스템이 범죄 가능성이 높은 사람을 지목했을 때 경찰이 이를 방관할 리 없기 때문이다. 예측된 범죄가 흉악 범죄였다면, 그리고 예측을 통해 막을 기회가 있었는데 범죄가 일어났다면 사람들은 예측 시스템을 진지하게 고민해 볼 것이다. 분명 적극적인 정보 활용을 고민하는 순간이 찾아오게 마련이다.

빅데이터에게 어디까지 허락해야 하나

미국에서는 이미 가석방 심사에 데이터가 크게 활용되고 있다. 가석방 심사위원회가 하는 일은 본질적으로 범죄자가 사회에 복귀해서 다시 범죄를 저지르지 않고 새 삶을 살 수 있는지 예측하는 일이다. 미래에 개발될지 모르는, 사람을 대상으로 한 범죄 예측 시스템이 해야 하는 일과 완전히 같다. 단지 차이점이 있다면 대상이 이미 범죄를 저지른 사람으로 한정되어 있다는 점이다.

이런 일에 데이터가 더욱 적극적으로 활용되어 정확성이 향상된다면 이를 반대할 사람은 거의 없다고 생각한다. 수감자의 범죄 패턴, 주거 지역, 수감 생활 자세, 서면 조사 등의 여러 정보가 빅데이터를 이루면 예측의 정확도가 높아질 것이다. 비슷한 맥락에서 보호 관찰 중인 사람의 정보가 빅데이터로 관리되는 경우도 생각해 볼 수 있다. 재범 확률이 시간에 따라 어떻게 변하는지 실시간으로 보고된다고 상상해보면 이 시스템이 얼마나 유용할지 답이 나온다.

범죄 예방이 꼭 영화처럼 폭력적일 것이라 생각하여 반감을 가질 필요는 없다. 범죄자가 범죄로부터 멀어질 수 있는 요인을 제공하면 되니까. 가장 기초적인 순찰 강화에서부터 접견, 혹은 교육 같은 여러 다양한 대처가 가능하다.

조금 더 과감한 상상을 할 수도 있다. 온갖 경제 활동이 엄청나게 전산화되는 요즘 시대에 금융 거래 자료 분석을 통해 은행이 금융 범죄를 저지를 가능성이 높은 자들을 선제적으로 관리할 수도 있다. 소득 수준과 소비 패턴을 분석해 탈세를 저지르고 있을 가능성이 높은 사람들을 살펴본다거나, 범죄 행위와 관련된 거래를 할 가능성이 높은 사람을 선별한다거나.

이 역시 꿈같이 허무맹랑한 일이 아니다. 이미 비슷한 사례가 있다. 미국 국세청은 2011년 글로벌 IT 기업인 SAS와 함께 탈세나 세금 환급 사기를 막기 위한 시스템을 도입했다. 이 시스템은 국세청에 기록된 수많은 데이터를 감지하는 역할을 수행했다. 만약 몇몇 징후가 과거 탈세자의 패턴과 비슷하면 보고하는 것이다. 국세청은 이런 식으로 특정된 몇몇 경우를 더욱 면밀하게 살피도록 결정했다.

미국 국세청이 이 시스템 덕에 세수를 얼마나 더 확보할 수 있었는지 정확히 수치화 되지는 않았지만 기술의 도입 이후 상황이 좋아진 것은 분명하다. 구체적으로 연간 수백조 원에 달하는 세금을 더 보전할 수 있다는 기사도 어렵지 않게 접할 수 있다.

빅데이터 케어의 시대

물론 공권력이 새로운 기술을 사용해도 될지는 쉽게 결정할 문제가 아니다. 기술의 유용함과 편리함만 고려해서는 안 된다. 특히 지금 논의처럼 기술이 개인의 행동을 통제하는 방향으로 사용될 때에는 구성원들의 깊이 있는 공감대 형성이 필수적이다. 이와 관련해 고민할 문제가 많다.

앞서 언급했던 도청의 예는 비교적 간단하고 명확한 경우다. 관련된 법을 기준으로 판단하면 된다. 그러나 그 다음에 얘기한, 범죄를 선제적으로 관리한다는 개념은 수백 년간 일관성을 갖고 성장해 온 인권 개념과 충돌한다. 개인 정보를 통해 알게 된 범죄 가능성 때문에 개인을 제재하는데, 기존의 윤리관과 부드럽게 조화를 이룰 가능성은 많지 않다. 공공의 이익을 위해 인간의 기본권이 제한되는 것이 적절한 것인가? 적절하다면 어떤 정당한 절차를 통해 제한해야 할까? 그리고 어느 정도까지 허용해야 하는가?

생각할 것이 정말 많지만 이 책에서는 기술 그 자체에 시선을 고정한 상태로 다른 고민을 하는 것이 나을 것 같다. 개인의 미래를 예측하여 사회가 개인에게 도움을 줄 수 있는 긍정적인 것들이 있을지 생각해 보자는 것이다. 당연히 신기술이 사회 규율을 바로잡는 데에만 유용할 리 없다. 다양한 활용 영역을 상상할 수 있다. 만약에 개인의 여러 상황을 종합하여 자살 확률을 수치화할 수 있다면 어떨까? 이런 시스템은 우울증을 앓고 있는 사람, 특히 가족들에게 대단히 유용하다. 사전 협의 하에 가족이나 가까운 지인에게 자동으로 경고 문자를 보내는 것이다.

최근 사람들의 관심을 받고 있는 복지에 대한 분석도 가능하다. 빅데이터를 통해 어떤 처지의 사람들이 복지 혜택이 필요한 상황에 빠질지 미리 알아낸다면 상황이 나빠지기 전에 적극적으로 대처할 수 있다. 가래로 막기 전에 호미로 막자는 것이다. 이미 복지 혜택을 받는 사람들을 분석하여 더 적절한 자원 분배가 이뤄지게 할 수도 있다.

만약 이런 식으로 불행한 일을 미연에 방지하는 기술이 극대화된다면 개개인에게 위험 요소를 때마다 알려주는 수준이 될 가능성도 없지 않다. 운전대를 잡을 때 차가 사람에게 이렇게 말한다. "지금 상태로 운전하면 사고 확률이 평소보다 27배 이상 높습니다. 정말 운전하시겠습니까?"

아, 그러고 보니 그전에 자율주행차 기술이 완성될 것 같기는 하다. 기술이 어떤 가능성을 갖고 있는지 확인하는 것과 실제 구현되어 어떤 세상을 만들지 합리적으로 추론해 보는 것의 차이는 이렇게 크다. 물론 둘 다 재미있는 일이다.

05

정밀한
수요 예측의 시대

범죄를 예상하고 범죄자가 될 사람을 알
아낸다거나 교통사고를 예측하는 등의 일은 정말 중요한 일이
다. 정확한 예측이 가능하다면 그로 인해 얻는 이득은 상상을
불허한다. 하지만 이런 거창한 일들만 세상을 바꾸는 것이 아
니다. 어찌 보면 아주 작아 보이는 미래 예측도 세상을 전혀 다
르게 만들 수 있다. 아주 간단하지만 모든 기업인들이 목말라
하는 미래에 관한 정보. 바로 고객이 다음에 구매할 제품을 예
측하는 일이다.

제품 추천이야 인터넷 쇼핑을 즐기다 보면 자주 접하는 기
술이다. 그다지 새롭지 않고 훌륭하지도 않다고 생각할 수 있

다. 하지만 이 기술의 파급 효과를 간과하는 사람들에게 이 기술이 얼마나 더 정교해질지 상상해 보았느냐고 묻고 싶다. 이 기술은 더 발전할 여지가 있다. 추정컨대 빅데이터 관련 기술이 앞날에 일어날 범죄를 예측할 수 있는 정도가 되면 고객의 구매 예측은 더더욱 정확해지지 않을까?

고객의 구매 가능성을 일정 수준 이상 정확하게 예측하기 시작하면 놀라운 변화들이 일어날 것이다. 소비자 입장에서는 큰 변화가 아닐 수도 있다. 하지만 시장에서 살아남아야 하는 참여자들에게는 경천동지할 일이다. 기존과는 전혀 다른 사업 환경이 조성되기 때문이다.

마케팅의 빅데이터화

개별 고객의 구매 가능성이 신뢰도 있게 예측되면 거시적으로 시장 전체의 수요 예측이 가능해진다. 고객의 수요가 정확히 예상된다면 광고 시장의 변화는 불가피하다.

구매할 가능성이 큰 고객들이 예상되고 그 수요가 대부분 예측되는데, 기존 스타일의 광고가 필요할 리 없다. 광고 기술은 더욱 고도화되고 치밀해진다. 모든 마케팅은 타깃 고객층을 정확히 한정하여 진행된다. 구매 가능성이 큰 고객에게는 단순

정보를 전달하여 발생 비용을 최소화하며, 구매 가능성이 크지는 않지만 잘 설득하면 구입할 것 같은 이들에게 광고를 집중시킨다. 잠재 고객의 대상마다 어떤 방법으로 설득해야 효율적인지도 빅데이터로 분석된다.

마케팅은 일견 빅데이터 속에서 제품과 관련된 상관관계를 찾는 일같이 변화한다. 고객들의 구매 패턴을 분석해 어떤 제품에 어떤 과정을 통해 구매 의욕을 느끼는지 밝히는 것이다. 이제 빅데이터를 구축하여 고객들을 분석할 수 있게 된 기업은 빅데이터를 준비하지 못한 기업이 할 수 없는 마케팅을 한다. 따라서 경험과 감에 의지하던 마케팅의 시대는 이제 완전히 종식된다. 진정한 마케팅은 빅데이터 안에서 이뤄진다.

훌륭한 사람들이 모여 좋은 기획을 통해 광고를 만들던 시대는 이제 지나갔다. 과장이 아니다. 아예 광고까지 인공지능 디렉터가 만들 정도니까 말이다. 광고 회사 '맥캔에릭슨 일본'은 2017년 광고 디렉터 역할을 할 수 있는 인공지능을 만들었다. 'AI-CD β Artificial Intelligence Creative Director'로 이름 붙여진 이 기계는 수많은 광고를 빅데이터 삼아 좋은 광고를 학습했다. 고객의 요청이 입력되면 어떤 광고를 만들어야 할지 알려 준다. 이 로봇의 디렉팅으로 만든 광고와 사람이 만든 광고를 나란히 제작하여 사람들에게 보여준 후 선호도 투표를 실시했는데, 사람의 작품이 이겼지만 그 차이가 크지 않았다. 결과는 고작 54:46이었다.

이 결과의 놀라운 점은 빅데이터의 진정한 능력이 아직 발휘되지 않은 결과라는 사실이다. 인공지능 디렉터는 각종 '훌륭한' 광고를 통해 학습했다. 그런데 훌륭하다는 기준이 각종 광고 대회 수상작들이다. 하지만 진짜 훌륭한 광고는 실제로 구매 고객을 얼마나 창출했는지 여부다. 즉, 광고 효과에 대한 빅데이터 분석이 아직 적극적으로 반영된 것이 아닌 상태란 이야기다.

사실 광고 효과가 멋지고 보기 좋은 광고를 만드는 것보다 더 우선하는 일이다. 광고주는 광고의 작품성보다는 광고 효과에 관심이 많기 때문이다. 실제로 이미 빅데이터를 이용하여 적절한 광고를 해주는 시스템이 현장에 속속 등장하고 있다. 2017년 말 온라인 쇼핑몰 인터파크에서는 정해진 예산에서 최고의 효율을 창출하는 인공지능형 광고 상품을 만들었다. 거의 비슷한 시기에 카카오도 비슷한 개념의 카카오 광고 플랫폼 베타 서비스를 시작했다.

벌써 광고 기술이 얼마나 발달했는지 총체적으로 보여주는 예는 너무나 많다. 2018년 초 '와이즈넛'이라는 인공지능 소프트웨어 회사가 개발한 서비스가 있는데, 이 서비스는 사용자가 연예인 사진을 보고 있으면 화면을 분석해 그와 비슷한 패션을 한 상품들을 사용자에게 제시한다. 고객의 취향을 있는 그대로 바로 저격하는 것이다. 그리고 그 효과를 광고 클릭률 분석으로 확인한다. 여타 다른 배너 광고에 비해 얼마나 많은 사람이 적극 반응했는지 수치화·전산화되고, 이는 또다시 빅데이터 기술의 분석거리가 된다.

혁명적인 리스크 관리

고객이 상품을 구매할지 아닐지 정확히 예상하는 기술은 고객의 상품 구매 여부가 이미 결정돼 있다고 가정한다. 하지만 마케팅의 궁극의 목적은 구매하지 않았을 사람이 상품을 구매하도록 유도하는 데에 있다.

빅데이터는 고객의 구매 여부를 정확히 예측한다. 동시에 빅데이터는 구매하지 않을 사람도 구매하게 만들 수 있다. 이렇게 이야기하면 얼핏 모순되어 보인다. 두 기술 모두 극한으로 발전한다면 상대의 능력을 파괴할 수 있는 것이니까 말이다. 그러나 이런 모순은 관심이 본질에서 너무 멀어져서 생긴 착각이다.

결국 근본은 상품이다. 빅데이터는 고객의 수요가 예측되는 품목과 아닌 품목을 가려낸다. 그리하여 마케팅 효과가 극대화되는 영역을 사업가에게 보여준다. 기호에 따라 소비하는 성향이 짙은 부분이 그 대상이 될 가능성이 높다. 그리고 반대 영역에 속하는 사업자에게는 빅데이터 기술과 인공지능을 바탕으로 한 최첨단 광고보다 훨씬 더 대단한 것을 제공한다. 바로 정밀한 수요 예측 데이터다.

수요 예측은 사업에서 굉장히 중요하다. 수요 예측 실패는 재앙으로 이어진다. 어설픈 수요 예측으로 큰 실패를 맛본 아주 적절한 예가 바로 2011년에 있었다. 팔도 꼬꼬면이다. 팔도는 꼬꼬면의 시장 점유율이 20%가 넘어가는 선풍적 인기에 힘입어 2,000억 원이 넘는 투자를 했다. 그런데 사람들이 곧 싫증을 느끼기 시작하면서 시장 점유율이 1% 밑으로 폭락했다. 단순히 잘 팔리고 있다는 그래프만 보고 수요가 증가할 것으로 예상했다가 실패를 맛봤다. 정밀한 수요 예측이 있었다면 이런 불필요한 손실은 분명히 막을 수 있었다.

수요 예측은 '재고 관리'에 도움이 되기 때문에 기업에게 매우 중요하다. 쌓아 놓은 재고는 그 자체가 손실 덩어리다. 팔리지 않는 제품을 만들거나 구매했으니 말이다. 또 보관하는 데에도 비용이 든다. 그냥 쌓아 놓기만 해도 자릿세가 필요하다.

거창하게 대기업을 생각할 필요도 없다. 음식점 주인이 잔반 재활용의 유혹에 흔들리는 이유도 따지고 보면 재고 관리 실패에서 비롯된다. 음식은 제때 만들어서 바로 서비스하지 않으면 상하거나 맛의 수준이 떨어져서 상품 가치가 하락한다. 따라서 정확한 수요 예측을 기반으로 재고가 생기지 않게 적당한 양의 반찬을 만드는 것이 중요하다. 미리 준비하는 반찬의 양이나 한번에 식탁에 올리는 반찬의 양을 잘못 책정했을 경우 남은 음식이 대량 발생한다. 음식점 주인은 이로 인한 손실이 너무 아까워서 잘못된 판단을 하는 것이다.

단순하게 사업 주체가 수요 예측을 정확히 하지 못해 어려움을 겪는 경우 몇 가지만 생각하더라도 수요 예측이 얼마나 중요한지 쉽게 짐작할 수 있다. 역으로 미래에 정밀한 수요 예측 데이터가 제공된다면 사업주에게 얼마나 도움이 될지도 쉽게 상상이 가능하다.

한 판매자가 온라인 시장에 새 제품을 출시했다. 물론 사는 사람이 별로 없다. 원래 시장의 반응에는 시간이 걸린다. 어쩌다 한두 개가 팔리는 것이 전부다. 다행스러운 것은 구매자들의 구매 만족도가 나쁘지 않다는 점이다. 그런데 신제품 구매자들의 반응이 꽤 좋다. 빅데이터를 분석해 보니 그냥 좋은 것이 아니고 여러 다른 특징을 가졌던 사람들이 전부 다 제각각의 이유로 좋아하고 있다.

입소문만 나면 폭넓게 사랑받을 수 있다는 제품의 잠재력을 확인한 셈이다. 이를 파악한 온라인 시장 관리자는 이 제품을 조금 더 알리기로 결정하고 판매자에게 추가로 물품을 미리 준비해 놓을 것을 당부한다. 혹은 경쟁 온라인 시장보다 먼저 제품을 찜한다.

제품의 인기가 없을 때에도 수요 예측은 득이 된다. 초기 물량이 소진됐을 때 소비자들의 반응을 보니 호불호가 명확했다. 그리고 좋아하는 소비자들의 상관관계를 파악할 수 있었다. 온라인 시장은 이 제품이 특정 소비자들에게만 매력적일 것이라 예상하고 자신들의 고객 리스트에서 그에 해당하는 사람이 몇 명이나 되는지 파악한다. 이를 바탕으로 잠재 수요를 계산하여 판매자에게 알린다. 판매자에게 적절한 재고 관리를 유도하여 그를 보호하는 것이다. 판매자가 보호돼야 끊임없이 온라인 시장에 새 물건을 등록할 테고 이는 곧 온라인 시장 입장에서 좋은 일이니까 말이다.

궁극의 컨설팅

중요한 것은 빅데이터가 시장에 관한 매우 정확한 정보를 더욱 신속하게 만든다는 점이다. 초도 판매량을 보고 적당히 수요를 예측하는 기존의 방식과는 기술적 완성도가 다르다. 지금 앞날에 일어날 범죄를 예측하는 수준의 기술력이 미래에 구입할 제품을 알아내는 데에 사용되고 있다는 점을 잊지 말아야 한다. 말 그대로 정밀한 수요 예측이 이뤄진다. 똑같이 예약 구매를 통해 수요를 예측해도 빅데이터를 활용하면 정밀도가 다를 수 있다. 예약 구매자의 성향을 데이터화하여 꼼꼼히 분석해서 제품이 실제 시장에 풀렸을 경우 어떤 소비자들이 반응할지 예측할 수 있기 때문이다.

제품을 만드는 입장에서는 이를 출시하고 시장 반응을 보며 초조해 하는 시간이 짧아진다. 성패를 재빠르게 판단할 수 있고, 다음 제품을 개발할지 추가 생산을 할지 한시라도 더 빨리 결정하게 된다. 따라서 연구 개발 비용 설정도 정확히 할 수 있고 마케팅 비용도 최적화할 수 있다. 요컨대 정밀한 수요 예측은 각 제품별로 얻을 수 있는 이익을 극대화하고 손해를 최소화하는 것을 가능하게 한다. 새로운 차원의 리스크 관리가 이뤄지는 것이다.

이와 같은 마케팅 기술이 기업 생태계를 어떻게 바꿀지 궁금하지 않을 수 없다. 리스크 관리가 되니 신규 사업자들이 더욱 부담 없이 사업에 뛰어들까, 아니면 이를 바탕으로 기존 기업들이 자신의 위치를 더욱 공고히 할까?

사회가 어떻게 변하든 분명한 것이 있는데, 하나는 이 새로운 차원의 마케팅 기술을 갖고 있는 자들이 결국 시장을 지배할 것이란 사실이다. 또 하나는 이렇게 급변할지도 모르는 상황에 정부가 적절히 대처해야 한다는 점이다. 언제든 시장은 건강히 유지돼야 하고 적절한 경쟁이 일어나야 한다. 어쩌면 진짜 빅데이터 마케팅 기술이 필요한 것은 정부일지도 모르겠다. 어쩐지 빅데이터 분석을 통해 개별 기업들의 앞날을 예측하고 싶을 것 같다.

빅데이터
독점 시대

빅데이터 얘기가 세상을 시끄럽게 한 지 꽤 시간이 지났다. 4차 산업혁명을 이끌 기술로 사람들 입에 오르내리는 것 중에 빅데이터는 제일 오래됐다. 오래됐다지만 여기서는 칭찬이다. 다른 기술들이 가능성을 논하며 관심을 끌 때 이미 현장에 적극적으로 투입될 정도로 구식이니까. 대단히 훌륭하게도 이미 스스로를 시장에서 증명하고 있다.

이미 현장에 적용된 기술이니만큼 수많은 IT 기업들이 이 가능성에 매진하고 있겠다고 생각하기 쉽다. 그런데 현실은 꼭 그렇지만은 않다. 일전에 미국에서 온라인 게임 퍼블리싱 회사를 운영하고 있는 친구를 만나 넌지시 물어봤다. 고객들의 성향을 빅데이터로 만들어서 관리하는지 말이다. 그랬더니 의외의 답이 돌아왔다. 자기 회사는 그런 것 안 한단다. 비용도 많이 들고, 빅데이터를 생성해서 관리할 기술도 없기 때문이다. 관련 인력을 뽑은들 인건비만큼 수익이 더 발생할지도 의문이라나.

빅데이터는 큰 회사의 전유물

한 사업가의 저 짧은 대답에 빅데이터 시대의 사업 환경이 담겨 있다. 우리는 빅데이터를 만들고 관리하는 대표적인 회사들의 이름을 잘 알고 있다. 아마존, 페이스북, 구글, 마이크로소프트, 애플. 이 회사들은 미국 IT 산업의 빅5로 불린다. 이들이 관리하고 있는 고객의 수, 그 고객들이 만드는 엄청난 데이터 양에 대해서는 딱히 더 설명할 필요도 없다. 이들은 엄청난 자본과 기술력을 투자하여 이 데이터를 관리한다. 그리고 가치를 창출한다. 하지만 자그마한 회사는 그런 일을 할 수 없다. 그만큼 가치가 창출된다는 보장이 없기 때문이다.

본질적으로 작은 회사가 만드는 데이터가 규모 면에서 빅데이터를 이루게 될지 의문이다. 수많은 사람이 비정형의 많은 데이터를 쌓아야 그 안에서 새로운 가치가 생성된다. 하지만 작은 기업이 만드는 고객 데이터는 훌륭한 데이터가 되지 못할 수 있다.

큰 기업이라도 고객과 다양한 관심거리로 접촉점을 만들어야만 의미 있는 빅데이터를 만들 수 있다. 예를 들어 현재 한국의 거의 모든 가정에 인터넷 회선이 있지만 이 회사가 자기 고객들에 대해 빅데이터를 만들고 있는지는 모르겠다. 사람들이 인터넷 회선 제공 회사에 개인 정보를 줄 리가 없으니까 말이다.

이건 구글에게도 쉽지 않다. 구글이 야심차게 시작했다가 일찍 접은 헬스케어 사업을 떠올려 보시라. 구글이 그 사업을 접을 때 사업 책임자는 고객들이 적극적으로 그 시스템에 가입하도록 유인할 수 없었다고 고백했다. 개인이 자신의 정보를 구글에 제공하면서 얻는 이익이 있어야 했는데 그게 적었던 것이다. 구글 입장에서야 개인 회원이 많은 정보를 주면 빅데이터 분석을 통해 유용한 서비스로 대가를 돌려줄 수 있다고 생각했을 수 있다. 하지만 이 문제는 닭이 먼저인지 달걀이 먼저인지처럼 불분명한 문제가 아니었다. 고객들이 먼저 데이터를 주지 않으니 방법이 없었다.

사람들이 기꺼이 개인 정보를 기업에 넘기는 순간은 그에 상응하는 즐거움이 뒤따를 때다. 물론 그것이 언제인지 명확하지 않다. 즐거움의 가치가 상품처럼 명확하게 가격표가 붙을 수 없기 때문이다. 수치화된 데이터란 때론 복잡해 보이지만 오히려 단순히 잘 표현된 것임을 깨달을 필요가 있다.

개개의 인간은 전혀 합리적이지 않은 소비도 종종 하며, 쉽게 예측할 수 없는 방향으로 소비 활동을 한다. 한마디로 복잡하다. 대화하고 뽐내고 위로 받기 위해 자신의 모든 정보를 인터넷 회사에 알려 줄 것이라고 미리 예상한 사람이 있었을까? 따라서 고객들로부터 여러 가지 반응을 이끌어 낼 수 있어야 빅데이터를 만들 수 있다. 한 가지 상품이나 주제만으로 고객과 대화하는 회사는 고객들에 대한 깊이 있는 데이터를 구축하기 쉽지 않다.

작은 기업에게 이런 일이 얼마나 힘들게 느껴질지는 더 설명할 필요도 없다. 제품 개발하고 영업하기도 바쁜데 빅데이터를 만들라니. 게다가 잘 구축되지 않은 데이터로부터는 의미 있는 가치를 생성할 수도 없다. 기껏 만든 데이터가 유용하지 않을 위험까지 있는 것이다. 따라서 훌륭한 빅데이터를 구축할 가능성이 확실하지 않을 때 규모가 작은 사업자가 어떤 결정을 내릴지는 명확하다.

플랫폼 제공 회사만 빅데이터 수혜

빅데이터가 이끌 수많은 기술 혁신들을 떠올려 보자. 고객의 미래 구입 목록, 고객 취향 분석, 미래 수요 예측, 이런 것들 전부 신규 사업자들에게는 그림의 떡이다. 신규 사업자가 빅데이터의 덕을 보려면 이미 빅데이터를 구축한 사업자에게 도움을 청하는 수밖에 없다.

어렵게 생각할 필요 없다. 이미 그러고 있으니까. 제조업의 많은 중소 신규 사업자들은 개인 홈페이지를 홍보 수단으로 사용한다. 하지만 제품 판매는 기존 IT 기업을 통해 이뤄진다. 온라인 쇼핑몰에서는 제품이 잘나가도 회사 홈페이지는 과연 어떤 기능을 하고 있는지 궁금할 정도로 조용한 경우도 많다.

그러니까 빅데이터 기술을 통해 이득을 볼 수 있는 환경을 갖춘 것은 지금 현재 소위 플랫폼을 제공하는 회사들에 한한다. 관점에 따라 이것은 독점으로 인정될 만한 충분한 개연성이 있다. 더 나아가 권력으로 해석될 여지도 있다. 잘나가는 제품을 만드는 회사가 1등 제품으로 시장을 독식하는 것과는 차원이 다른 얘기이기 때문이다.

보통 독점은 회사의 잘못된 결정이나 고객들의 변심 등으로 무너질 가능성이 있다. 독점에 '보통'이란 말이 어울리는 수식

어인지는 모르겠지만, 어쨌든 디지털 기술을 바탕으로 한 지금의 독점은 기존의 독점들과 질적으로 결을 달리한다. 시장 환경을 결정하는 기술을 쥐고 있으니까 말이다. 비유하자면 시장이 열리는 곳 건물주 같은 존재다. 건물 안에서 얼마나 공정하게 경쟁하는지는 의미가 없다.

지금 얘기들은 미래 얘기가 아니다. 바로 현재 얘기다. 빅데이터가 가져올 앞날의 문제를 예상하는 것이 아니다. 2017년 여름 유럽연합은 구글에 3조 원에 해당하는 과징금을 부과했다. 정보 독점을 통해 시장에 공정하지 않은 지배력을 행사했다는 것이 요지다. 국내에서도 독점으로 인해 문제가 발생한다고 주장하는 사람이 생기고 있다.

그들은 안드로이드 플레이스토어에서 발생하는 막대한 수입에 대한 과세가 적절히 이뤄지고 있는지 검토해야 한다고 주장한다. 엄청난 수익을 올리고 있지만 과세가 사실상 불가능한 환경이라는 것이다. 과세만큼 고스란히 플랫폼에 참여하고 있는 기업들에게 부담이 전가된다. 하지만 플랫폼은 독점이기에 참여자들이 빠져 나올 가능성은 높지 않다.

물론 구글에게도 나름의 입장이 있다. 유럽연합의 결정은 독점에 대한 시각차에서 기인한다는 주장도 있다. 인터넷에 돌아

정보 독점 때문에 유럽연합에게 3조 원의 과징금을 부여받은 구글

다녀 보면 아예 유럽연합의 결정이 정치적이라면서 폄하하는 의견까지 있다. 어쨌든 확실한 것은 지금 문제의식을 갖고 있는 사람이 생기고 있다는 점이다.

빅데이터라는 특권, 어찌 견제하나

이제 미래 얘기를 해보자. 유럽연합 결정에 대한 구글의 항변은 그래도 귀담아들을 부분이 있다. 자신들은 소비자에게 더 좋은 정보를 제공한 것뿐이란 주장이다. 구글이 자신들만 가지고 있는 정보를, 혹은 자신들이 적절한 대가와 함께 의뢰받은 정보를 시장에 배포한 것은 맞다. 하지만 그로 인해 소비자는 더 좋은 협상을 할 수 있게 됐다. 이러한 정보 덕에 시장의 가격은 소비자에게 더욱 유리하게 책정될 것이다. 과연 이것이 징계를 받아야 할 독점이냐고 질문할 수 있다. 요컨대 IT 산업의 정보 독점이 시장에게 어떤 부작용이 있는지 질문하는 것이다.

두 가지 사실을 명확히 할 필요가 있다. 첫째, 좋은 빅데이터가 갖춰질 경우 할 수 있는 일이 무궁무진하다. 우리는 빅데이터 기술이 발전하면 미래의 일을 내다볼지도 모른다고까지 얘기했다. 빅데이터의 가능성을 이보다 더 잘 알려주는 일은 없다. 둘째, 기업인은 이득이 된다면 무슨 일이든 하는 사람들이다. 법과 제도로 적절히 규제하지 않을 경우 기업가들이 얼마나 많이 놀라운 일들을 벌이는지 자본주의 역사는 긴 시간 동안 증명해 왔다.

멀리 갈 것도 없다. 1996년 축구공을 만드는 아동 노동자의 사진이 세상을 떠들썩하게 만든 적이 있다. 21세기인 지금도 여전히 제3국에 있는 공장들의 노동 환경은 문제가 된다.

기업가들은 빅데이터가 허용하는 모든 일을 할 수 있다. 경쟁 플랫폼이 자신들을 위협하지 못하게 교묘한 작전을 펼칠지도 모른다. 소비자에게 좋은 정보라면서 사실은 기업 생태계를 교란시켜 결국엔 자신들의 사업 외에는 다른 사업은 자리 잡지 못하게 할 수도 있다. 정부와의 협상에 유리하도록 다른 사업자들에게 불리한 정보를 만드는 것도 가능하다. 자기 플랫폼 안에서 한쪽에 유리하게 교묘한 음모를 꾸며도 외부 사람은 알 길이 없다.

인정할 것은 인정한다. 위의 염려들이 아직 일어나거나 확인된 것은 아니다. 하지만 중요한 것은 저런 일이 일어났을 때 이를 명확히 판단할 능력이나 기준이 지금 현재 없다는 점이다. 지금부터 열심히 기준을 마련하고 규제할 일을 고르는 작업을 하지 않고는 나중에 일이 커졌을 때 아무런 대응을 하지 못할 가능성이 크다. 심지어 되돌릴 수 없을지도 모른다.

문제를 복잡하게 생각할 필요가 전혀 없다. 우리는 맛있다고 콜라만 먹지 않는다. 국은 짜야 맛이라며 소금을 들이붓지 않는다. 건강을 위해 미래를 위해 지금의 행복을 자제한다. 처음 맛보는 IT 기업들의 놀라운 서비스를 그저 즐기기만 해서 안 되는 이유도 이와 똑같다. 한 발 물러서서 어떤 부작용이 생길지 까칠하게 따져 봐야만 한다. 이미 너무 늦지 않았길 바랄 뿐이다.

07

정보 독점의
디스토피아

약간은 엄밀하게 얘기할 필요가 있다. IT 산업의 독점이 과연 어떤 부작용을 불러일으키는지, 혹은 부작용이 과연 있는지를 생각하려면, 먼저 IT 산업에서 독점이 진짜 가능한지 여부를 먼저 따져 봐야 한다.

디지털 시대에 독점이란 것이 어불성설이라고 주장하는 사람도 있다. 데이터는 누구나 언제든 얻을 수 있는 것이니까. 어떤 기업이 자신이 얻은 데이터를 다른 기업이 얻지 못하게 하는 것이 가능하지 않기 때문에 데이터 독점이 불가능하다고 주장한다. 데이터가 독점 지위를 이용해 획득된 것도 아니고, 자발적으로 소비자들이 내놓은 것이기도 하다는 논리다. 그 예로 구글이 한국 시장에서는 하나의 후발주자로서 외국에서처럼 크게 성공하지 못하고 있는 점을 들기도 한다.

하지만 이건 너무 순진한 생각이다. 구글과 네이버의 경우는 오히려 IT 산업의 독점이 가능하다는 것을 가장 여실히 보여주는 예다. 네이버가 선점한 한국 시장은 심지어 구글조차 대항하기 힘들다. 어떤 경천동지할 일이 일어나야 네이버의 독점을 막을 수 있을까? 미래는 모르는 일이지만 쉽게 상상할 수 없다. IT 산업의 독점은 명백히 가능하고 이미 현실이다. 자세히 살펴보자.

거인이 아니면 발 디딜 틈이 없다

여러 SNS들 역시 IT 산업의 독점이 어떻게 이뤄지는지 잘 보여준다. 소셜 네트워크 서비스 특성상 소비자들이 일정 수준 이상 모여야만 새로운 가치를 창출한다. 때문에 이미 시장을 점유하고 있는 사업자가 그 점유율을 신규 사업자에게 빼앗길 이유가 거의 없다.

카카오톡과 라인, 그리고 텔레그램의 경쟁을 생각해 보자. 후발 주자인 라인이 카카오톡의 아성을 넘기 위해 엄청난 투자를 감행했다. 라인을 출시한 네이버의 독점적 지위와 몸집을 생각하면 카카오톡의 국내 시장 점유율을 넘지 못하는 게 의아할 정도다.

네이버 매출이 카카오 매출의 두 배를 넘는 데도 불구하고 2018년 봄 기준, 국내의 카카오톡 이용자는 라인의 열 배를 넘는다. 심지어 카카오톡은 메시지가 도청 당할 가능성이 있다는 논란이 있었음에도 1위를 굳건히 지켰다. 안전하다는 텔레그램 메신저로의 이탈 흐름은 찻잔 안의 태풍에 그쳤다.

최근 카카오톡을 이탈하는 10대나 20대가 비교적 많다고 하는 기사를 종종 접한다. 이 현상이 IT 독점의 특성을 보여준다. 미래에 주 고객이 될 젊은 층의 이탈이 카카오에게 부담이 된다는 얘기다. 결국 IT 독점을 후발 주자가 깨기 위해서는 신규 고객을 유치해서 그들이 구매력이 생길 때까지 잡고 있어야 한다는 의미다.

엄청난 끈기와 그 시간을 버틸 수 있는 자본력 외에는 확실한 정공법이 없다. 더욱 주목할 점은 카카오톡을 이탈한 젊은 층이 안착한 메신저 서비스다. 바로 페이스북 메신저다. 사용자 수가 아직 카톡의 5분의 1 수준도 안 되지만 증가율은 무시할 수 없다. 이미 라인을 뛰어넘었다. 그러니까 카카오톡의 아성에 도전하려면 네이버로도 안 된다. 페이스북 정도는 돼야 한다. 메신저 시장을 카카오톡이 절대 점유하고 있고 페이스북, 그리고 라인이 경쟁하고 있는데 무슨 IT 독점이냐고 한다면 더 할 말이 없다.

물론 SNS는 IT 산업의 일부일 뿐이다. SNS가 사람들로부터 많은 데이터를 얻을 수 있는 여건을 조성한다는 의미에서 SNS의 강자가 좋은 빅데이터를 구축할 가능성이 높은 것은 맞다. 하지만 SNS의 왕좌 자리가 곧 빅데이터의 독점을 보장하지는 않는다. 그럼에도 불구하고 SNS의 예를 든 것은 빅데이터와 SNS가 갖고 있는 공통점 때문이다.

SNS나 빅데이터나 모두 규모가 질의 차이를 유발한다. 일정 수준 이상 규모가 커지면 그동안 불가능했던 부가가치를 만들기 시작한다. 이 부가가치가 SNS 신규 회원 모집의 가장 큰 원인이 된다. 일단 사람들이 많이 써서 모이면 그 자체가 가장 큰 장점이 된다. 이 선순환에 틈을 만들고 후발 주자가 끼어들기란 상당히 어렵다. 앞서 페이스북이 도약에 성공하고 있는 반면, 라인이 고전하는 이유도 근본적으로 같은 맥락에서 이해할 수 있다. 페이스북은 이미 대단히 성공한 SNS를 갖고 있고 이를 바탕으로 서비스를 메신저 영역으로 확대하기에 용이하다. 네이버에겐 그런 발판이 없다.

빅데이터 역시 마찬가지다. SNS처럼 직접 관련이 있는 것은 아니지만 생성된 빅데이터를 통해 남들보다 더 나은 서비스를 고객들에게 제공하게 된다. 이미 형성된 빅데이터는 더욱 유리한 위치를 만들고, 이는 더 훌륭한 빅데이터를 만든다. 여기서 파생된 서비스는 사업주를 더욱 강력하게 만든다.

빅데이터=빅 브러더?

사실 독점 얘기를 하면서 관점을 기술에만 국한하는 것은 이상한 일이다. IT 기업이든 4차 산업혁명의 선도 기업이든 일단 기업이다. 기업은 경쟁에서 이기기 위해 무슨 일이든 한다. 시장은 전쟁터다. 삼성이나 애플 같은 기업도 공정거래위원회의 제재 조치를 받을 만한 일을 꽤나 한다. 이미 시장을 지배하고 있으며, 그 근본 바탕에 뛰어난 기술력이 존재해도 말이다. 마치 기업은 법이 허락하는 한 모든 짓을 하는 것처럼 보인다. 아니 법이 허락하지 않는 일도 일단 저지르고 사후에 벌을 받는 일도 많다.

IT 업계도 전혀 다르지 않다. 시장의 선도 기업이 잠재적 경쟁자를 인수하여 지위를 더욱 공고히 하는 일이 비일비재하다. 지나온 세월이 증명한다. 구글은 2006년 16억 5,000만 달러를 들여 유튜브를 인수했다. 당시로선 엄청 놀라운 사건이었지만 지금은 유튜브가 충분히 그 정도 가치를 한다는 것을 안다. 후발 주자로서 유튜브의 성공이 구글에게 경쟁을 유발했다고 보는 것은 적절치 않다고 본다. 구글은 시장 지배자로서 안정적인 지위를 유지하기 위해 과감히 투자했다. 독점은 계속된다. 페이스북도 마찬가지다. 2012년 페이스북은 창업한 지 1년 반 밖에 안 된 인스타그램을 10억 달러에 인수했다. 인스타그램이 홀로 페이스북과 경쟁하기를 결정했다면 어땠을까? 아니 질문이 잘못됐다. 후발 주자와 시장을 두고 경쟁할 여지를 페이스북이 과연 순순히 남겨 둘까?

문제를 기술에 국한하면 지금 상황이 얼마나 중요한지 모를 수가 있다. 기술이 과연 독점 기업의 능력을 강화할지 아니면 약화할지는 재미있는 문제지만 그것에 너무 매달리면 안 된다. 지금 핵심은 빅데이터의 어마어마한 능력을 몇몇 사기업이 갖게 됐다는 점이다. 우리 삶을 송두리째 바꾸어 놓을지 모르는 최강 기술을 말이다. 단지 좋은 기술이란 뜻이 아니다. 2012년 실제로 있었던 일을 살펴보면 무엇이 걱정거리인지 정확히 알 수 있다.

페이스북은 68만 명에 이르는 사람들에게 뉴스피드를 조작

정보 독점의 폐해를 극명하게 보여준 페이스북

해서 보여줬다. 그리고 사람들이 그 뉴스피드에 어떻게 반응하는지 관찰했다. '감정 조작 실험'이 행해진 것이다. 페이스북 코어데이터과학팀 소속 연구원은 사람들에게 부정적이거나 긍정적인 감정이 전달되는지, 그러니까 감정 전이 현상이 SNS를 통해서도 일어나는지 실험했다.

결과는 놀라웠다. 사람들의 감정은 뉴스피드에 따라 바뀌었다. 부정적인 뉴스피드를 본 사람은 부정적인 반응을 많이 보이기 시작했다. 부정적인 뉴스피드가 줄어들면 다시 긍정적인 게시물을 더 많이 올렸다. 이 흥미롭다 못해 경악스러운 결과는 논문으로까지 발표됐다.

요컨대 페이스북은 사람들의 감정을 조절할 능력이 있는 것이다. 비록 어느 정도겠지만 전체적인 방향을 설정할 능력이 있다. 게다가 조작을 당한 사람이 그 사실을 모르게 할 수 있다. 실험 대상이 된 70만 명의 동의 없이 실험이 깔끔하게 완료된 것이 그 증거다. 페이스북은 이에 대해 이용 약관에 따른 정당한 개인 데이터 사용이라고 말했다. 과연 이와 같은 입장 표명과 적당한 이용 약관 따위가 충분한 것일까?

비슷하지만 더욱 끔찍한 일이 몇 년 뒤에 일어났다. 도널드 트럼프가 미국 대통령 후보로 나설 당시 페이스북을 통해 수십 만 명의 개인 정보가 데이터 회사에 넘어갔다. 넘긴 과정도 교묘해서 사람들은 자신의 정보가 넘어가는지도 몰랐다. 이 정보에는 유권자들의 소비 성향이나 정치 신념 등이 담겨 있는 훌륭한 빅데이터였다. 트럼프 대통령이 유세 전략을 짜는 데에 유용하게 이용된 것은 자명하다.

앞으로는 기술이 조금 더 발전하여 사람들의 인식을 교묘하게 제어하려는 불순한 시도가 선거 전에 이뤄질지도 모른다. 이미 세상엔 불순한 의도로 가득 차 있지만 기술력만 없는 자들이 충분히 존재한다. 멀리서 찾을 필요 없다. 우리나라에도 댓글부대가 있었다.

기술을 바라보는 관점을 바꿔야 한다고 생각한다. 새로운 기술이 도입되면 사람들은 이 기술이 불평등을 심화시킬지 아닐지, 권력을 분산시킬지 아닐지 궁금해 한다. 하지만 이 질문은 궁금증의 방향이 잘못됐다. 지금 사회는 불평등하며 권력은 이미 집중돼 있다. 그리고 사람들은 자신에게 이득이 되도록 신기술을 이용한다. 그렇다면 질문은 보다 적극적으로 바꿔어야 한다. '신기술은 어떻게 악용될 수 있는가?'

신기술의 능력을 높이 보고 잠재력에 감탄할수록 주의해야 한다. 커다란 능력은 나쁜 짓을 할 때에도 똑같이 발휘된다.

V.

사물인터넷

모든 정보의 연결고리,
사물인터넷

빅데이터의 놀라운 능력은 당연히 많은 양의 데이터를 저장하는 것에서 시작된다. 현재 활용되는 많은 빅데이터는 대부분 네트워크를 돌아다니는 방대한 자료에 의지한다. 네트워크에 전산화된 사람들의 의사결정이 나타나면 그것을 수집하고 관리한다. 네트워크상 자료는 이미 전산화되어 있다는 점, 원격으로 자료 수집이 가능하다는 점 등의 장점이 있다. 따라서 네트워크의 영역에 무언가 들어오기만 하면 비교적 수월하게 데이터화할 수 있다.

그런데 네트워크는 끊임없이 확대된다. 네트워크의 영역은 넓어지기만 한다. 단순히 참여 인원이 늘고 트래픽이 증가하는 수준이 아니다. 기존에 네트워크를 통해 돌아다니지 않던 정보들이 이제 흘러 다닌다. 작금의 사람들은 자기 집안에 설치한 CCTV도 네트워크로 제어하고, 만들어낸 데이터도 네트워크로 확인한다.

이제 잠시 빅데이터에 대한 관심을 내려놓고, 넓어지는 네트워크와 이로 인해 새로이 수집되기 시작한 다양한 종류의 데이터에 주목할 필요가 있다. 빅데이터의 능력이 어디까지 발현될지 결정하는 부분이기 때문이기도 하지만, 무엇보다 이 분야에 불고 있는 새바람도 확인해야 하기 때문이다. 기술 발전과 함께 이 분야에 주목할 만한 변화가 일어나고 있다.

네트워크의 영역: 인간, 인간이 다루는 모든 것

네트워크의 영역은 이제 인간이 제어하는 사물들을 포함하는 수준에 도달했다. 사람이 네트워크 안에서 직접적으로 관여한 의사 결정처럼 중요한 것 외에도 이제 사소하게 여겨지던 것들도 전산화된다. 구매 결정, 제품 후기, 기사 댓글, 좋아요 클릭 따위의 적극적인 의사 표현이 아닌 일상 정보들, 예를 들어, 핸드폰으로 자연스럽게 기업에게 흘러들어가는 위치 정보가 대표적인 예다. 지도 정보를 보거나 내비게이션을 이용하면서 사람들은 위치 정보를 기업에게 제공하고 기업은 이를 데이터화한다. 실제로 구글맵은 미국의 여러 관광 명소에 사람들이 평균적으로 머무는 시간, 사람들이 가장 많이 방문하는 시간대를 그래프로 제공한다. 몇몇 특정 후기 몇 개가 제공하는 정보와는 또 다른 유용한 정보다.

사람들이 네트워크를 통해 새로운 종류의 정보를 다루기 시작한 것 자체만으로 큰 의미가 있다. 빅데이터 같은 발전된 기술 없이도 대부분 의사 결정에 큰 도움이 되기 때문이다. 이와 관련하여 최근 수십 년 사이에 확인된 가장 좋은 예가 바로 대중교통이다.

딱 20년 전만 해도 다음 버스가 언제 올지는 하늘만 알았다. 하지만 요즘엔 버스 정류장에 나가면 앞으로 몇 분 후에 버스가 도착할 지 정확히 표시해 준다. 아니 그마저도 버스 정류장에서 확인하는 사람은 별로 없다. 배차 간격이 조금이라도 긴 버스를 타야 하는 장거리 여행객의 경우, 상당수가 언제쯤 버스가 오는지 미리 알아보고 시간에 맞춰 정류장에 나간다. 요즘엔 앱을 따로 깔 필요도 없이 포털 사이트에서 정보를 다 제공한다. 버스가 정류장을 돌아다니면서 자신의 위치를 네트워크에 실시간으로 공유하기에 이런 일들이 가능해졌다.

요즘 교통 정보는 대중교통에 국한되지 않는다. 아예 온갖 도로 정보를 확인할 수 있다. 어떤 식으로든 서울의 거의 모든 주요 도로 교통량은 항상 전산화되고 있다. 주요 간선 도로 상황은 인터넷을 통해 CCTV를 확인할 수도 있다. 도착지까지 최단 거리를 계산해 주는 서비스는 대단히 흔해서 신기하지도 않다. 이제 택시 기사 분들도 이 서비스를 애용한다.

모든 것을 연결하는 사물인터넷

이와 같이 사람이 아닌 사물이 만들어 낸 정보가 네트워크에서 정보화되어 돌아다니는 것, 이와 관련된 환경과 시장 등을 보통 '사물인터넷Internet of Things'이라고 부른다. 혹자는 네트워크를 통해 사람의 직접적인 개입 없이 사물들 간의 정보 교환이 있어야 진정한 사물인터넷이라고 한다. 또는 이런 정보 교환을 통해 새로운 가치가 창출돼야만 사물인터넷이라 불릴 자격이 있다고 하기도 한다.

하지만 좀 더 관대한 편이 낫다. 사물이 만든 데이터가 전산화되어 네트워크를 돌아다니면 전부 사물인터넷이라고 보는 것이 큰 무리가 없고 더 자연스럽다. 사실 오로지 사물인터넷만 할 수 있는 일이 바로 그것이다. 그 데이터를 가공하여 새로운 가치를 만드는 것은 때로는 빅데이터의 일이고, 때로는 인공지능의 일이고, 때로는 마케터의 일이다. 혹은 좋은 네트워크가 감당해야 할 일이기도 하다. 다가올 새로운 시대에 사물인터넷만이 할 수 있는 큰 역할이 있다면 사물을 네트워크에 편입시키는 그 자체일 것이다.

예를 들어 신호등을 네트워크로 제어하여 가장 효과적인 교통 흐름이 되도록 전개시킨다고 하자. 실제로 2017년 4월 도로교통공단에서 '제4차 산업혁명 시대 대비 교통 운영 방안'을 발표했는데, 여기에는 신호 운영 시스템을 적극 활용하여 도로 흐름을 개선하거나, 긴급 차량에게 도움을 줄 수 있는 방안 등이 포함됐다. 당연히 신호등에 따른 교통량의 변화를 면밀히 탐구해야 할 것이고, 그때그때 상황이 어떻게 변하는지도 늘 주시해야 한다.

그런데 이 모든 일은 신호등 정보가 전산화돼 있다는 가정 하에서 출발한다. 탐구고 제어고, 이 기본적인 것이 선행되지 않으면 애초에 모두 불가능하다. 이것이 사물인터넷의 가장 중요한 역할이다. 사물 정보가 전산화되어 네트워크에 들어가는 것이 핵심이다.

마찬가지로 제품에 붙어 있는 바코드 역시 사물인터넷의 가

장 소극적인 형태라고 생각할 수 있다. 어떤 제품이 어디에 얼마만큼 있는지 정보를 바코드를 이용하여 전산화하니까 말이다. 당연한 말이지만 일단 이 데이터를 어떻게 이용하는지는 사람들에게 달렸다. 제품 하나하나에 고유번호를 붙여서 누구에게 팔렸는지까지 추적할 수 있다고 해도 그 정보를 그냥 갖고 있으면 무용지물이다.

바코드를 통해 단지 매장 안에 있는 제품의 양만 파악하는 비교적 단순해 보이는 정보도 어떻게 적극적으로 활용하느냐에 따라 엄청난 부가가치를 만들 수 있다. 미국의 월마트가 이 시스템을 구축하여 엄청난 유통 혁명을 일으킨 것은 유명한 얘기다. 아예 월마트는 공급사중심재고관리VMI: Vendor Management Inventory 시스템을 구축했다. 월마트는 제품의 실시간 재고 상황을 제조사에게 상시 통보한다. 제조사는 이를 바탕으로 월마트에 제품을 입고한다. 유통사인데 아예 재고 관리를 안 하는 환상적인 시스템을 구축한 것이다. 전산화된 데이터의 힘이다.

정보가 알아서 모이는 시스템

바코드 시스템을 자세히 살펴보면 사물인터넷이 무엇인지

더 명확히 알 수 있다. 바코드 시스템에서 중요 정보는 바코드를 리더로 읽을 때 생성된다. 어떤 상품이 어디에 있는지는 바코드 리더기가 바코드를 읽어야만 만들어진다. 따라서 사물인터넷의 주역은 바코드가 아니고 바코드 리더기다. 제품에 붙어 있는 바코드 자체는 바코드 리더기가 정보를 만들 수 있도록 잘 도와주는 역할에 불과하다.

즉 정보를 만들어 네트워크에 뿌리는 사물이 바로 사물인터넷의 주인공이다. 정보의 대상이 되는 사물이 사물인터넷의 주인공이 아니란 말이다. 대부분 정보를 만드는 사물들이 자신에 대한 정보를 만들기 때문에 사람들은 대상인 사물이 주인공인 줄 착각한다. 하지만 사물이 주체적인 역할을 해야 하는 것이 핵심이다. 사람이 단말기에 있는 정보를 입력하는 것이 아니고 단말기가 알아서 정보를 만들어 네트워크에 전달하는 것이 사물인터넷이다.

앞서 바코드의 경우를 소극적이라고 말한 이유가 여기에 있다. 바코드 시스템으로 정보를 전산화하려면 사람이 하나하나 바코드에 단말기를 가져가야 한다. 기계가 스스로 사물에 관한 정보를 알아내는 것이 아니고 '여기 정보가 있으니 네트워크에 넣어줘'라고 부탁하는 모습 같다. 마치 제품 위치를 하나하

술병에 부착된 RFID.

나 키보드로 입력해야 하는 것을 스캔으로 바꾼 것이랄까?

바코드 시대 이후 새로이 도입될 기술을 살펴보면, 사물인터넷의 주체가 무엇인지 더욱 명확히 파악할 수 있다. 월마트를 비롯한 미국의 각종 유통 회사들이 바코드를 대체할 다음 기술로 RFID Radio-Frequency Identification, 즉 전자 태그 기술을 도입하려고 한다. 이미 상당 부분 진척이 이뤄졌다. 전자 태그 기술은 바코드보다 더 많은 정보를 원거리에서 인식할 수 있는 시스템으로, 제품 출하와 집계를 훨씬 더 수월하게 할 수 있다. 간단히 말해서 바코드 시스템이 창고 안에 제품이 몇 개가 있는지 바코드로 하나하나 찍어서 알아낸다면, 전자 태그가 부착되어 있는 경우 창고를 한 번에 스캔하면 된다.

전자 태그는 바코드보다 저장할 수 있는 정보량이 훨씬 많아서 제품별 고유 번호를 저장하는 것도 가능하다. 이렇게 되면 착오나 도난 등의 원인으로 결품이 생길 가능성이 확연히 줄어들 것이다. 무엇보다 RFID의 원거리 시스템은 창고에 들어오고 나오는 모든 사물들에 대한 데이터를 취합하는 것을 가능하게 한다. 이제 문 앞에 전자 태그 단말기를 설치함으로써 사람의 추가적인 도움 없이도 제품이 들고 나는 것을 다 파악한다. 사물인터넷에서 중요한 것이 정보를 읽는 리더기이니까 리더기의 능력을 향상시키는 것이다.

이 작은 차이가 사실은 작지 않다는 것을 고속도로에서 사용되는 하이패스 시스템을 사용하는 사람이라면 다 안다. 하이패스는 RFID를 사용한 시스템 그 자체다. 차에 하이패스 장치만 있으면 고속도로 출입이 자동으로 기록된다. 이보다 더 자동화된 통행료 지불 시스템은 없다. 아무리 요금 지불이 자동화된 카드를 운전자가 들고 다녀도 하이패스가 아니면 매번 차를 세워서 카드를 단말기에 대야 한다. 네트워크에 정보를 입력하는 데에 사람의 추가 노력이 필요할 때 사람들은 이것을 '수동 시스템'이라고 한다. 본격적인 사물인터넷 시대에 분명히 어울리지 않는다.

어디까지 연결을 허용할까

앞으로 사물인터넷의 시대가 온다고 많은 사람들이 얘기한다. 수많은 사물들이 자동으로 데이터를 만들어 네트워크에 사람들이 활용할 수 있게 올리는 세상 말이다. 그런데 모든 전자제품들이 네트워크와 연결된 시스템은 많은 기술자들이나 기업인들이 이미 예전부터 꿈꿔 오던 것이다. 예전에는 주로 네트워크를 통한 사물의 제어가 주요 관심이었는데, 요즘은 사물이 만드는 데이터와 사물 간 통신에 관심이 많은 정도의 차이가 있다. 물론 기술자들에게는 이 차이가 매우 크게 느껴질 것이다. 하지만 한 발 뒤에서 보면 핵심이 바로 보인다. 수많은 사물들과 네트워크가 연결되는 세상이 진짜 오느냐 마느냐가 가장 중요한 것이다. 일단 연결이 되어야 할 것 아닌가.

기술적으로 연결이 가능한지 묻는 것이 아니다. 기술적 가능성과 사회가 기술을 받아들일 가능성 사이의 간극이 얼마나 큰지 이제 모두들 충분히 동의하고 있으리라 생각한다. 그리고 기술의 미래를 점쳐 보기 위해서 기술이 줄 수 있는 이점과 현재의 한계를 정확히 아는 것이 얼마나 중요한지도 다들 알고 있을 것이다.

02

사물인터넷이
왜 필요하죠?

미래 사물인터넷 세상에서는 집주인이 집에 들어가면 자동으로 불이 켜지고 밥이 시간에 맞춰 지어져 있으며 냉방과 난방이 알아서 조절된다. 이렇게 될 거라고 미래를 상상하는 글들이 말한다. 그에 따르면, 각각의 사물들은 작동하는 시간, 방법 등을 전산 데이터화한다. 이를 바탕으로 스스로 학습하여 인간이 원하는 대로 알아서 동작한다. 어떤 책에는 한 직장인의 퇴근 후 모습이 담겨 있었다. 집에 들어갔더니 사람의 생체 신호를 분석하는 컴퓨터가 말하길 와이프에게 접근 금지란다. 지금 매우 집중해서 일을 하고 있기 때문에 방해를 원하지 않기 때문이라나.

미래를 논하는 담론을 담은 책들에서 이런 얘기는 대부분 책의 도입부에 있다. 마치 독자들에게 이렇게 멋진 세상이 곧 올 것이라고 말하려는 것 같다. 그런데 문제가 있다. 이와 같은 기술들이 사람들의 구매욕을 불러일으킬 만큼 충분히 멋진지 장담할 수 없다는 점이다. 아주 간단히 말해서 도대체 왜 돈 들여서 저 짓을 해야 하는지 설명하지 못한다는 것이다.

기술보다 중요한 건 인간에 대한 이해

집안의 사물들이 네트워크 안에서 서로 정보를 교환하고 이를 바탕으로 집을 자동화하는 개념을 '스마트홈Smart Home'이라고 한다. 그런데 냉정하게 말해서 현재 획기적인 계기 없이 스마트홈이 폭발적으로 보급될 확률은 크지 않다. 우선 집의 자동화라는 개념 자체가 1970년대에도 이미 존재하던 개념인데, 여태껏 이뤄지지 않았다는 점을 상기하자. 집의 자동화는 '홈 오토메이션'이니 '유비쿼터스'니 하는 용어로 이미 여러 차례 시도됐던 일이다. 하지만 크게 성공했던 적은 없다. 발달된 가전제품들이 천천히 집안 점유율을 높이는 점진적 변화가 관찰됐을 뿐이다.

상황은 크게 바뀌지 않았다. 장담컨대 사물인터넷이 제공할 것이라는 온갖 삶의 편의 기능은 웬만해선 도입되지 않을 것이다. 이유는 간단하다. 가격만큼 쾌감을 제공하지 못하기 때문이다. 분명히 과거보다 기술은 발달했다. 하지만 기술을 둘러싼 상황이 바뀌지 않았다. 소비자의 욕구 자체가 크지 않다는 뜻이다.

상황을 나누어 생각해 보자. 고객은 지불한 만큼의 이득을 회수할 수 있을 때 소비한다는 지극히 당연한 전제를 빼면, 사람들이 소비하는 경우는 크게 다음 두 가지이다.

첫째, 개인은 지불을 통해 큰 행복을 얻을 때 기꺼이 비용을 지불한다. 대표적으로 즐거운 놀이를 할 때 그러하다. 의식주와 아무런 관련이 없어도 사람들은 게임을 위해 돈을 쓴다. 뻔한 일상의 제품도 어른을 위한 장난감으로 변할 때 사람들은 지갑을 연다. 훌륭한 제품이 팬심을 유발시켜 소비자를 반하게 했을 때 사람들은 열광한다. 모두 하나의 맥락에서 해석할 수 있다. 기쁜 만큼 소비한다.

둘째로 사람들은 큰 괴로움을 덜어낼 수 있을 때 소비한다. 대중교통이 미비한 도시에서 실용적인 자동차는 매우 합리적인 지출이다. 자동차의 비싼 가격도 문제가 되지 않는다. 가사노동의 괴로움에서 해방시켜주는 제품들도 마찬가지다. 청소기, 식기세척기, 세탁기, 전기밥솥 등은 있을 때와 없을 때 감내해야 하는 노동량 차이가 어마어마하다.

그런데 사물인터넷이 말해주는 청사진은 안타깝게도 위의 둘 어디에도 속하지 않는다. 사물인터넷이 개인의 삶에 가져다줄 기쁨은 사실 큰 행복을 주는 재미있는 놀이도 아니고, 괴로운 노동에서의 해방도 아니다. 그저 우리의 일상을 공상 과학처럼 바꿔줄 뿐이다. 그냥 일상을 바꾼다는 말이다.

일상은 때론 무의미해 보이지만, 사실 살아있음을 느끼게 하는 삶의 기제다. 지금 바쁜지 안 바쁜지 서로 한마디 물어보는 것이 인간관계의 초석이다. 아무렇지 않게 삼시세끼 밥을 차려 먹고 커피를 뜨겁게 타며 커피 잔을 들고 이리저리 앉을 자리를 찾아 돌아다니는 것이 바로 일상의 행복이다. 커피의 물 온도를 정확히 맞춘 후 "지금 드셔야 된다"고 잔소리 하고 가장 적절한 자리를 강권하는 집을 원하는 사람이 몇이나 될지 기술자들은 가끔 망각한다. 발달된 사물인터넷 기술의 서비스를 받아서 느끼게 되는 '행복 효용'은 제로에 수렴한다.

그렇다고 사물인터넷이 미래의 소비자들에게 충분한 금전적 이득을 보장하는 것도 아니다. 심지어 사물인터넷이 유의미한 금전 보상을 일으킨다고 하더라도 사람들이 쉽게 구매할

2016년 미국 라스베이거스에서 소개된 LG 스마트홈 에코시스템.

것인지 의심스럽다. 사물인터넷이 만들어 낼 금전 보상은 에너지 절약에 집중될 가능성이 현재로선 매우 높다. 실수로 켜 놓은 TV 전원을 끈다거나, 쓸데없이 오래 켜둬야 하는 방범을 목적으로 한 실내등 제어라든가. 그런데 그런 것들로 절약할 수 있는 금액은 대체적으로 얼마 안 된다. 개인을 직접 구매욕에 빠뜨릴 만하지 않다. 절약을 위해 사물인터넷을 설치하느니 그냥 조금 어둡게 살고 약간 춥게 지내는 것이 더 간편하고, 효과도 좋고, 초기 비용도 들지 않는다.

최근 서울에 한창인 태양광 전지 사업이 좋은 예가 된다. 서울시는 태양광 설치에 지원금을 지급한다. 태양광 전지를 장착할 경우 지원금을 줘서 초기 설치비 발생에 따른 부담을 줄여주고자 하는 취지이다. 태양광 전지를 설치했을 경우 유의미한 양의 전기세를 절약할 수 있어서 지원금을 받았을 경우 수년이면 초기 설치비를 뽑을 수 있다. 그럼에도 사람들은 폭발적으로 반응하지 않았다. 서울시는 보급률을 달성하기 위해 아파트 베란다에 설치하는 미니 태양광 지원금 비율을 2017년 상향 조정했다.

의외로 갈 길이 먼 스마트홈

현실을 직시할 필요가 있다. 지금 상황으로선 스마트홈 보급은 요원하다. 일단 스마트홈 구축에 필요한 여러 하드웨어 보급부터 이뤄지지 않았다. 제품 교체 주기에 맞춰 시나브로 이뤄질 가능성이 크다. 명확한 당근이 없는 상태에서 고객들이 스마트홈 구축을 위해 지갑을 너도나도 열지는 않을 것이기 때문이다. 기술의 발달로 가전제품의 교체 주기가 대체로 길어졌다는 점도 고려해야 할 점이다.

그런데 문제는 이렇게 하나하나 교체되는 가정용 사물들의 규격이 아직까지도 정해져 있지 않다는 데에 있다. 이것은 생각보다 크게 시간을 지연시킬 수 있다. 사람들이 제각기 구입한 스마트홈 관련 하드웨어들이 서로 규격이 달라서 통신이 어렵다면 무용지물이다. 그렇다면 규격이 마련된 이후 다시 한 번 제품 교체 주기를 기다려야만 하는 상황이 올 수도 있다. 규격이 통일된 사물들이 집안에 준비돼야 하니까 말이다. 스마트홈 관련 시장이 커지고 있고 관련 제품이 잘 팔린다고 긍정적으로만 바라볼 순 없다는 얘기다. 2010년도 초반 선풍적이었으나 완전히 실패한 스마트 TV를 떠올릴 필요가 있다. 구글이 2014년 우리 돈 3조 원이 넘는 액수로 인수한 네스트Nest 역시 고전을 면치 못하고 있다.

물론 언제나 그렇듯이 기업의 공격적인 투자가 돌파구가 될 수는 있다. 예를 들어 기업이 스마트홈을 앞세워서 이윤을 극대화하는 고전적인 판매 모델을 만들어 내는 것이다. 현재는 사물인터넷을 위한 규약이 미비해서 제조사가 다르면 통신이 쉽지 않다. 하지만 한 가전제품 회사가 자신들의 제품으로 온 집안을 통일하여 스마트홈 기능을 세팅하고 사후 관리를 하는 패키지 상품을 만든다면 기술적으로는 별 문제가 없다. 마치 통신사의 'TV+전화기' 결합 상품처럼 가전제품 결합 상품을 만드는 것이다. 스마트홈 가입 가정에게 AS 상시 대기라든가 신제품의 빠른 교체 등의 특전을 제공하면 고객 유인이 가능하다.

기업은 이런 상품을 통해 직간접적인 추가 이득을 얻는다. 가장 직접적으로 기업은 스마트홈 가입 고객의 다음 가전 제품도 자신들의 상품일 것이란 기대를 할 수 있다. 적절한 사용자의 동의를 통해 실제 사용 중인 제품 상태를 바로바로 회사가 모니터한다면 이 또한 회사에게 큰 이익이 된다. 가전제품이 실제 고객의 사용 패턴을 회사에 알려 주는 최고의 단말기가 되는 것이다. 제품 개발에 큰 이득이 될 것은 당연지사. 냉장고의 한쪽 면이나 전자 액자 등을 통해 제품 관련 정보나 홍보를 하거나 작은 광고판 역할을 하게 해서 광고 사업을 할 수도 있다.

물론 이 모든 얘기는 '스마트홈'이라는 이름에 걸맞은 부가 가치를 기업이 창출할 수 있을 때 성립하는 얘기다. 목소리로만 집안 등을 껐다 켰다 할 수 있고, 리모컨 없이 오디오나 TV를 제어하는 따위의 차이를 만들어야 한다. 지금 에어컨에 냉매가 충분치 않아서 여름이 오기 전에 에어컨 냉매를 충전해야 된다고 3월쯤 냉장고 벽에 부드러운 문체로 표시해 주는 정도는 돼야 하지 않을까? 언제나 고객은 냉정하고 시장은 만만하지 않다.

03

제조업의 이상향,
스마트팩토리

사물인터넷이 꿈꾸는 세상은 쉽게 오지 않고 있다. 시장 조사 기관인 가트너Gartner는 10대 전략 기술에 2012년부터 매년 사물인터넷을 꼽고 있지만, 아직도 사물인터넷 도입은 미미한 수준이다. 점진적으로 증가하지만 실제 도입율은 기대만큼이 아니라는 조사도 존재한다. 이와 같이 속도가 더딘 이유를 기술 완성도나 시장의 높은 벽, 정부의 미미한 지원 등에서 찾을 수도 있다. 하지만 가장 큰 이유, 본질적인 이유를 말할 필요가 있다. 이 부분을 이해해야 왜 사람들이 사물인터넷 세상을 이토록 기다리는지 답을 알게 된다.

사물인터넷 도입이 느린 이유는 이것이 가장 어려운 변화이기 때문이다. 사물인터넷이 가져올 변화가 4차 산업혁명의 가장 끝에 완성될 궁극의 것이다. 앞서 기술한 다른 모든 기술이 가져올 혁신의 '종합판'이자 '끝판왕'이다. 두 가지 면에서 그렇다. 하나는 파급력 면에서 그러하고, 또 하나는 기술적 도전 면에서 그러하다.

사람이 사라진 산업혁명

사물인터넷이 꿈꾸는 세상이 진짜 미래 세상이다. 꼭 날아다니는 엘리베이터나 무소음으로 부드럽게 날아다니는 우주선이 있어야 휘황찬란한 미래가 아니다. 모든 사물 하나하나가 자동으로 최적의 상태를 찾아가는 것이 바로 꿈꾸는 미래다. 발달된 도구야 시간이 지나면 나오는 것이다. 중요한 것은 도구 자체보다 도구들이 전부 자동으로 움직인다는 점이다.

즉, 공장에서 모든 장비들이 스스로 움직일 수 있다는 얘기다. 사람이 일일이 통제하던 것에서 벗어나 기계가 스스로 판단하고 검사하고 정비하며 생산한다. 사물인터넷 시대가 되면 기존의 자동화된 대량 생산 방식을 뛰어넘는 생산성 향상이 이뤄진다. 이제 기계를 관리하는 노동력의 비율은 현저하게 떨어진다. 노동생산성의 비약적 변화. 산업혁명이란 말에 이렇게 어울리는 것이 있을까 싶다.

농사짓기에 비유해보자. 2차 산업혁명이 이룩한 대량 생산과 공장 자동화가 가축을 이용해 밭을 갈기 시작하는 것이라면, 흔히 정보화라고 일컫는 것은 일하러 나가기 전에 날씨, 가축의 상태, 작황을 일하기 전에 미리 확인하는 것이다. 이 모든 것이 생산성 향상에 큰 기여를 했고 그래서 혁명이라 불린다. 사물인터넷 시대가 오면 이 모든 것이 자동화된다. 여러 정보들을 취합해 가축이 혼자 나가서 밭일을 한다. 사람의 결정은 농사를 하겠다는 결심 외에는 없다.

앞서 자율주행, 인공지능, 빅데이터 등이 가져올 변화가 획기적이라 했다. 몇몇 산업은 큰 지각 변동이 있을 것이라 예상했다. 그런데 사물인터넷은 이 모든 것을 아래로 내려다본다. 기술자들이 상상하는 사물인터넷 시대가 제대로 찾아온다면, 제조업 전반의 변화는 상상하기 힘들 정도가 될 것이다.

이처럼 공장에 사물인터넷 기술을 접목하여 생산성에 비약적인 향상을 꾀하는 것을 '스마트팩토리Smart Factory'라고 일컫는다. 이미 도입은 시작됐다. 지멘스SIEMENS의 암벽Amberg 공장은 매우 유명한 예다. 이 공장은 생산 공정을 온갖 감지기로 데이터화한다. 사물들은 생산 과정에서 생긴 모든 것을 기록한

독일 지멘스의 암벽 공장 전경.

다. 생산 과정에서 불량이 생기면 그 불량이 언제 어디서 발생했는지 초단위로 추적할 수 있다. 생산 과정상의 데이터를 통해 미리 불량이나 고장이 생길 가능성을 스스로 진단한다.

단순 불량률만 좋아지는 것이 아니다. 스마트팩토리의 미래를 엿볼 수 있는 좋은 예가 독일 안스바흐Ansbach에 아디다스가 설립한 스피드팩토리Adidas Speed Factory다. 이 공장에 설치된 로봇은 10대가 안 되는데, 주문 받은 신발을 제작하는 데에 다섯 시간 정도가 걸린다고 한다. 기존에는 주문 제작 시간이 5주 이상 걸렸다고 한다. 그런데 이 공장에서는 주문 후 배송까지 24시간 안에 이뤄진다. 대단히 빨라졌다는 말조차 모자란 것 같다. 카스퍼 로스테드Kasper Rørsted 아디다스 최고경영자는 신발을 주문하고 스타벅스에서 커피 한잔 즐기고 오후에 가게에서 신발을 찾을 수 있는 세상이 올 것이라고까지 말했다. 생산성 향상은 두말할 필요도 없다. 이 정도면 제품을 주문이 들어올 때마다 생산하면 된다. 재고 자체가 없는 수준이다. 기업 입장에선 남는 물량을 굳이 할인 판매를 할 필요도 없다.

주목할 것이 또 있다. 바로 신제품을 개발할 때다. 아디다스의 글로벌브랜드전략팀 부사장 제임스 칸즈James Carnes에 따르면, 새 제품을 디자인해서 매장에 진열하는 데 기존에는 1년

6개월 정도 걸리던 것을 열흘 내로 단축할 수 있다. 이 정도면 고객 주문에 바로 응대하는 수준이다. 이제 인건비가 싼 국가에 대규모 공장을 짓고 운송하는 시스템에서 벗어나 다시 각 나라에 소규모 공장을 지어 현지 수요에 바로 반응하는 시대가 온다는 의미다. 대량으로 제품을 생산하고 매스 미디어로 수요를 부추기는 시대의 종말이 다가오고 있다.

사물인터넷 시대를 꿈꾸는 사람들은 이 모든 것을 공장 자동화와 헛갈려선 안 된다고 주장한다. 단순히 공장 내 여러 작업들을 기계가 자동으로 수행하는 것과는 다르다. 데이터를 바탕으로 어떤 식으로 행동하는 게 가장 효율적인지 '기계가 스스로 판단'한다는 점이 핵심이다.

또한 사물인터넷이 꿈꾸는 공장 자동화는 작업장 내에 머물지 않는다. 고객의 요구는 네트워크를 통해 공장에 바로 입력되고, 공장은 이들을 취합하여 적절한 수요를 예상하며 생산한다. 생산된 물건은 최적의 경로로 고객에게 배달된다. 생산 과정의 총체적 관리가 바로 스마트팩토리의 최종 버전이다. 이제 사람이 공장을 관리하지 않는 산업혁명이 온다. 사람은 공장을 짓고 무엇을 만들지만 결정한다.

스마트팩토리=사물인터넷+인공지능+빅데이터

이 모든 것들은 기술적으로 결코 쉬운 일이 아니다. 스마트
팩토리가 하려는 일이 온전히 구현되려면 4차 산업혁명을 이
끄는 온갖 기술들이 제대로 작동해야 한다. 일단 공장의 온갖
센서들이 만드는 데이터들이 엄청난 양이다. 이를 모아서 관리
하고 분석하는 것은 빅데이터 기술이다. 이를 바탕으로 최적의
판단을 내리는 기술은 인공지능이 해야 할 일이다. 공장 내에
사람이 하던 자재 운반은 자율주행 기술을 통해 이뤄질 것이
다. 요컨대 모든 기술이 융합하여 하나의 가치를 만들어야 한
다. 당연히 쉽지 않은 일이며 최종 단계에나 일어날 일이다.

당연히 변화는 한번에 도래하지 않는다. 점진적 변화가 꾸준
히 있다 보면 어느 순간 질적 변화가 올 것이다. 그리고 어렵지
않게 점진적 변화를 찾아볼 수 있다. 국내에서도 스마트팩토리
를 도입한 기업을 찾을 수 있다. LS산전 청주 공장이 대표적인
예다. 2009년 이미 스마트팩토리를 도입했다. 회사 측에 따르
면 품질이 현저히 좋아졌을 뿐 아니라 에너지 사용량도 60%
가까이 줄었다고 한다. 라인당 작업 인원도 절반 이하로 줄었
다. 동양피스톤도 정부의 지원을 받아 2016년 스마트팩토리
시설을 갖췄다. 도입 후 생산성은 10% 가량 좋아졌고 불량률

은 26% 감소했다.

더 주목할 만한 변화도 있다. 미국의 거대 가전 회사 GE는 2013년 산업 인터넷 플랫폼 프레딕스Predix를 소개했다. 산업 현장에서 나오는 데이터를 분석하는 여러 가지 어플리케이션 개발을 용이하게 하는 소프트웨어 서비스 세트다. 어떤 공장이 스마트팩토리를 도입하면서 특정 어플리케이션이 필요하다면 프레딕스로부터 필요한 것들을 제공받을 수 있다. GE는 프레딕스를 안드로이드나 iOS와 비교하길 원한다. 산업 현장의 안드로이드가 되고자 하는 것이다.

프레딕스의 성공, 혹은 매출액의 꾸준한 증가보다 이제 이런 것들이 등장한다는 현상 자체가 중요하다. 다들 미래를 준비하고 있다. 게다가 프레딕스 서비스가 제공하는 서비스는 공장 자동화 수준을 확실히 넘는, 진짜 사물인터넷 세상에 부합한다. 여러 산업 현장에 쓰일 수 있는 강력한 기능들이 추가되어 많은 공장들이 이 플랫폼을 사용하게 된다면, 이는 곧 프레딕스가 산업 현장의 언어가 된다는 뜻이다.

많은 공장이 동일한 언어를 사용하면 서로 네트워크로 연결되는 것 역시 용이할 것이다. 이는 공장 내 자동화에 머물지 않으려는 스마트팩토리의 이상과 완벽히 부합한다. 이제 여러 공장이 서로의 생산 상황을 봐가며 최적의 생산성을 찾아 생산 속도를 조절할 것이다.

사실 보이지 않을 뿐이지 변화 자체는 상당히 격하게 일어나고 있는지도 모른다. 개별 사업자가 느끼는 변화는 다를 수 있기 때문이다. 한 분석가는 다음과 같이 말하기도 했다. "누가 먼저 제조 공정을 혁명적으로 바꿀 것인가를 놓고 경주가 벌어지고 있다."

04

도시에 채색된
사물인터넷

사물인터넷이 바라봐야 할 또 다른 곳은 바로 공공 영역이다. 이미 대중교통 영역에서 성공적으로 작동함으로써 이 분야가 사물인터넷에게 맞는 옷임이 증명됐다. 논리적으로 추론해 봐도 몇 가지 면에서 타당하다.

첫째, 공공 영역에서 여러 정보들은 확고한 가치를 창출한다. 물론 쉽게 금전으로 환원할 수는 없다. 버스가 얼마나 늦게 오는지 알면 삶의 질은 상승한다. 하지만 이를 금액으로 측정할 적절한 방법은 많지 않다. 신호등을 네트워크로 제어해 도로 이용률을 상승시키는 작업도 마찬가지다. 공공 복지가 얼마나 향상됐는지 수치화하는 일은 쉽지 않다. 가정에서야 에너지 사용량을 얼마나 줄였는지 정확히 비용이 계산돼 나오지만 말이다.

사실 많은 경우 공공 영역에서 정보는 그 자체로도 가치가 있다. 공공 영역에서는 엄청나게 많은 사물과 사람이 엉켜 있기 때문이다. 일반 가정에서는 정보 자체가 바로 큰 이익으로 이어지기에는 사물이 많지 않다. 굳이 발달된 기술과 네트워크의 힘을 빌리지 않아도 개개인이 어느 정도 파악할 수 있다. 하지만 공공 역역은 다르다. 정보를 만들어 모두가 볼 수 있게 네트워크에 뿌리는 것, 그리고 그것을 이용해 적정선에서 사물들을 제어하는 것만으로도 큰 이익이 된다.

둘째, 공공 영역은 초기 투자 비용에 비교적 덜 민감하다. 공공 영역은 손해를 보더라도 모두의 복지가 향상된다면 비용을 기꺼이 지불한다. 단기적인 손해에도 무덤덤하다. 실제로 도시 단위로 사물인터넷 기술을 활용하려는 시도들이 이미 많이 있는데, 이를 '스마트시티Smart City'라고 일컫는다. 몇몇 도시에서 벌써 시도하고 있다. 네덜란드 암스테르담, 스페인 바르셀로나 등이 이 프로젝트를 시작했다.

혹자는 스마트시티를 사물인터넷의 궁극의 버전이라고 생각하지만 실상은 반대일 것이다. 사물인터넷이 '최초로' 일반 사람들에게 가능성을 증명하고, 최고의 효용을 발휘할 수 있는 영역, 자신의 가치를 증명할 수 있는 부분이 모두 공공 영역이다. 때맞춰 지금 도시들은 예전과 다른 종류의 문제를 갖게 됐다. 환경친화적인 도시를 만들어야 한다는 과제 말이다. 전산화된 데이터를 통해 도시에 숨어 있는 비효율적인 면을 발견하고 효율적으로 바꾸는 일. 스마트시티가 가장 크게 활약할 수 있는 분야다. 가능성은 실로 엄청나다. 어떤 식으로 구현돼 성과를 낼지 궁금할 뿐이다.

쾌적한 도로

다시 한 번 대중교통의 사례를 들어 보자. 대중교통은 성공적인 사물인터넷의 매우 좋은 예이기 때문에 자주 등장할 수밖에 없다. 대중교통 시스템에도 지금보다 한 차원 높은 수준으로 사물인터넷 개념을 적용할 수 있다. 한 차원 높다고 해서 놀라운 방법이 있는 것은 아니다.

기본적으로 사물인터넷을 강화하는 방법은 네트워크 구성원의 숫자를 늘리는 것이다. 쉽게 말해 그냥 교통 시스템을 이루는 모든 사물들을 네트워크로 잇는 것이다. 지금은 버스, 지하철 등 정기적인 운행을 하는 교통수단이 네트워크의 주요 구성원이지만, 이를 더욱 확대하는 것이다. 얘기는 단순하지만 결과물은 차이가 크다. 정도의 차이가 질적 차이를 만든다는 사실은 여기서도 적용된다. 말 그대로 모든 사물들을 포함한 교통 네트워크는 안전과 효율 면에서 기존과는 비교도 안 되게 훌륭한 교통 환경을 만들 것이다.

신호등이 네트워크에 편입됐을 때를 상상해 보자. 매 순간 신호등이 어떻게 바뀌는지 중앙 시스템에 보고되고 제어되는 수준에서 시작할 것이다. 그러면 신호등의 작동에 따라 교통 흐름이 어떻게 바뀌는지 연구할 최적의 환경이 조성된다. 도시 공학자들은 이를 바탕으로 도로 이용률이 가장 높으면서도 사고가 나지 않는 방법을 찾는다. 운전자에게 혼란을 주지 않는 범위 내에서 시간대별로 적절한 변화를 주어 도로 이용률을 끌어 올린다.

여러 가지 변주도 가능하다. 통학 시간에는 보행자의 안전을 최우선으로 고려한다. 횡단보도 이용자가 많은 시간에는 차량의 평균 운행 속도를 과감히 낮춘다. 도로 위 공사나 행사가 있을 때에는 미리 그리고 더 멀리부터 우회 도로를 안내한다.

신호등은 이제 생명을 갖는다. 규칙대로 색깔만 바뀌는 단순한 녀석이 아니다. 판단을 통해 도로의 최적점을 찾아내는 조율자다. 신호등은 지역의 특수성과 시간대별 변화, 이웃한 신호등 간의 신호가 교통에 미치는 영향까지 고려하여 최고 효율을 이끌어 낸다. 당연히 도로 상황은 개선된다. 실제로 각종 해외 연구들은 교통의 효율화를 통해 이동 시간을 수십 시간 줄일 수 있다고 공언하고 있다.

이제 신호등이라는 말 자체도 바뀌어야 할 것이다. 이것은 사실 '등'이 아니다. 등이란 수신자에게 적극성을 요구하는 통신 방법이다. 사방에 뿌려진 색깔 신호를 수신자들이 뚫어지게 쳐다봐야 한다. 그러나 신호등이 네트워크에 편입되면 이제 운전자에게 신호를 보여주는 소극적 역할을 넘어선다. 신호등은 도로 위에 우뚝 솟아 있어서 도로에 관한 각종 정보를 취합할 수 있고 각종 신호를 송출할 수 있다.

신호등은 정보 수집 장치고 신호 송수신 장치가 된다. 신호등은 자동차 후드에 지금 신호 상황을 보여주는 데이터를 전송한다. 교차로부터 자동차의 거리와 속도를 판별하여 자동차에게 교차로 주행 여부를 판별해 준다. 동시에 차들이 순리적으로 신호를 잘 지킬 수 있도록 신호가 운영된다.

속도위반, 신호위반 단속은 이제 일도 아니다. 아직 보이지 않는 도로 상황을 모니터하며 권장 속도를 제시할 것이다. 혹은 차량이 권장 속도를 계산할 수 있는 충분한 데이터를 제공한다. 도로 상황과 자동차 성능, 적재 중량, 탑승객 현황, 차선 선택까지 고려한 합리적인 속도 제한을 개별 차에게 강요할 수도 있다.

비상시에는 긴급 자동차를 위한 도로 운영 방식이 작동한다. 각각의 차들에게 어떤 식으로 차를 제어하여 길을 비켜줘야 하는지 제시한다. 어떻게 피해야 할지 몰라서 길을 막고 있는 일은 이제 일어나지 않는다. 물론 긴급 차량이 거짓으로 긴급 신호를 발하는 것 역시 일어나지 않는다. 교통 시스템은 긴급 차량이 어느 정도 긴급한 일인지 정확한 정보를 입력받아 그에 상응한 레벨로 교통 상황을 제어한다. 각종 탈것에 탑재돼 있으면서 사람에게 주던 고전적인 신호들, 등 혹은 소리는 보조적인 역할을 맡을 뿐이다. 진짜 신호는 네트워크에서 디지털화된 전산 신호로 돌아다닌다.

스마트한 주행, 더 스마트한 휴식

주행과 크게 상관없는 상황에서도 사물인터넷은 성능을 발휘한다. 예를 들어 모든 주차 자리가 전산화된다면 이 또한 네트워크에 편입된 이들에게 효율적으로 분배할 수 있는 데이

터 자원이 된다. 스마트시티에서 주차의 시작은 네트워크에 주차 의지를 알리는 데에서부터 시작한다. 그러면 네트워크는 응답한다. 이용 가능한 근처 주차 장소와 주차 가능한 시간, 그리고 요금을 제시한다. 네트워크는 빈 주차 공간을 두고 차들끼리 신경전을 벌이는 일도 방지한다. 먼저 검색하고 즉시 예약한 자에게 우선권을 부여한다. 예약자가 바로 도착한다는 가정하에 빈자리는 다른 차가 사용하지 못하게 관리된다.

주차 때문에 골머리를 썩어 본 사람은 이 시스템이 얼마나 유용할지 쉽게 이해할 것이다. 비슷하지도 않지만 대단히 편한 설비를 쉽게 접할 수 있기 때문이다. 대형 마트에 가면 주차가 되어 있는지 아닌지 등으로 표시하여 멀리서도 확인할 수 있도록 설비가 갖춰진 곳들이 있다. 그 장치가 얼마나 편한지 한 번이라도 경험한 사람은 안다. 그런데 지금 언급하고 있는 시스템은 이보다 훨씬 더 치밀하고 섬세하다. 주차 자리를 찾는 과정에서 시간과 연료가 낭비되는 일은 거의 없다. 동시에 주차와 주차 딱지가 주는 스트레스에서도 해방이다.

거주자 우선 주차 구역도 훨씬 효율적으로 운영될 수 있다. 거주자는 자신이 이용하지 않을 시간을 미리 네트워크에 알려 주고 자리를 비운다. 네트워크는 이 시간을 다른 차의 주차 시간으로 활용하여 효율을 높인다. 거주자가 다른 사람이 이용한 시간만큼 적절한 보상을 받도록 한다면 충분히 활성화 가능한 방안이다.

전산화된 주차 공간 관리는 약속을 지키지 않는 양심 불량 행위 발생 가능성도 낮춘다. 네트워크에 편입된 차량에게는 강한 페널티를 부과하는 것이 더욱 용이하기 때문이다. 강한 벌금이나 사후 서비스 이용 제한과 같은 제약을 가할 수 있다.

같은 원리로 도로 옆 잠시 정차와 같은 애매한 부분도 네트워크는 적절한 기준을 제시한다. 지역 상권과 도로 폭, 유동량에 따라 적절한 정차 시간을 제시하고 이를 제대로 지키도록 강제한다.

능동적인 안전 도시

사람들이 언제나 큰 관심을 갖는 안전에 대해 얘기하지 않을 수 없다. 식상하게도 이 역시 대단히 좋아진다고 말하면서 시작하지 않을 수 없다. 정말 엄청나게 좋아질 것이기 때문이다. 네트워크는 차량의 안전 속도와 차 간 거리를 각각의 차량에게 전달할 수 있다. 개별 차들은 그 지시를 따름으로써 안전하게 주행한다. 스마트시티에서 신호등은 안전 주행을 위한 노면 상태까지 고려한다. 적절한 신호 제어를 통해 교차로에 자동차가 과속으로 진입하는 것을 방지하며 또 자동차가 급제동하지 않도록 한다. 차량의 적정 속도를 유도할 수 있으면 혹여나 미끄러질 가능성까지 최소화할 수 있다. 전방에 장애물이 갑자기 나타나는 경우도 없다. 도로 상황은 언제나 체크되며 개별 차량에 보고된다. 공사가 있는 구간에서는 어느 위치에 언제까지 공사인지 말해 준다. 앞차가 대단히 커서 그 앞의 상황을 알 수 없더라도 필요한 정보는 차량에 늘 전달된다.

같은 원리로 이제 사각지역이란 말은 사라진다. 네트워크가 근처의 위험 요소를 늘 알려 주기 때문이다. 골목길에 진입할 때에는 근처에 어떤 차가 오는지 알려 준다. 골목에 설치된 볼록 거울은 최후 수단이다. 그 전에 이미 차량 안 후드에 근처 사물에 대한 정보가 뜬다. 위험 속도로 사물이 다가오면 경고한다. 아니 이전에 위험 속도로 사물이 움직이는 것 자체를 방지하도록 경고할 가능성이 높다.

차량의 안전만 개선되는 것이 아니다. 차량으로부터의 안전도 강화된다. 각종 교통 정보 수집 장치들은 근처에 어린이나 자전거와 같은 교통 약자들이 있는지 수시로 체크한다. 그럼에도 불안한 경우, 교통 약자들이 교통 네트워크에 편입하도록 액세서리를 지니게 할 수 있다. 액세서리는 교통 약자의 위치를 주변 위협이 되는 차량에게 제공하며 경고를 준다. 또한 교통 약자에게도 주의하라는 권고를 한다. 네트워크 내에서 그들은 궁극의 보호를 받는다. 각종 불행한 사고가 나지 않도록 네트워크는 주변 여러 교통 사물들을 제어할 수도 있다.

이와 같은 스마트시티의 교통 시스템을 한마디로 표현하면 '능동적 정보 교환'이다. 이전 시스템은 필요한 정보를 제시한다. 그것을 얻어가는 것은 운전자다. 눈과 귀를 이용해 적극적으로 정보를 수집하거나 웹서핑을 해야만 안전을 확보하거나 비용을 절약할 수 있었다. 그러나 스마트시티 교통 시스템은 운전자에게 필요한 정보를 능동적으로 전달한다. 운전자는 충분한 정보를 갖게 되고 최선의 선택을 하는 데에만 집중하면 된다. 동시에 수많은 교통 관련 사물들은 자신의 정보를 시스템에 제공한다. 오고 가는 모든 정보들이 총체적으로 작용하여 새로운 교통 환경을 만든다.

스마트시티가 만들 세상은 이렇게 격이 다른 효율과 안전을 시민들에게 제공할 것이다. 도시 환경 자체가 달라지는 수준이 된다. 일단 시작하여 정착만 된다면 말이다.

전력망과
사물인터넷의 결합,
스마트그리드

사물인터넷과 스마트시티와 관련하여 가장 많이 나오는 단어 중 하나가 바로 '스마트그리드Smart Grid'다. 스마트그리드는 전력망에 첨단 정보 통신 기술을 결합시켜 효율성을 극대화한 것을 말한다. 말 그대로 똑똑한 지능형 전력망이다. 현재 이뤄지고 있는 전력 공급을 더욱 효율적으로 만들기 위해 관련 사물들에게서 데이터를 얻어 이용하는 것이다.

예를 들어 전력량계를 일명 '스마트미터Smart Meter'로 대체하는 것이다. 스마트미터는 단순히 누적 사용량만 기록하지 않고, 일별 사용 데이터를 만들어 사용자에게 제공한다. 월별 누적 사용량을 자동으로 전송하여 검침원이 할 일을 줄이는 것은 기본이다. 스마트미터는 현재 전기 사용량을 제시해 사용자에게 절약을 유도한다. 또 실시간 사용량 분석을 가능하게 한다.

4차 산업혁명 시대에 데이터 분석이 지닌 위력은 더 이상 강조할 필요도 없다. 이상적으로 작동한다면 스마트미터는 에너지 생산에 획기적인 절약을 가져올 수 있다. 특히 직접적으로 기대되는 것이 전력예비율의 하향이다. 전력 공급자는 항상 실제 사용치를 약간 상회하여 발전할 수 있어야 한다. 쉽게 말해 사용하지 않고 남은 전력, 발전하지 않고 만약을 대비할 수 있는 발전 설비 등이 항상 예비로 준비돼 있다. 이를 '예비 전력량'이라고 하는데, 이를 최대 수요량과 퍼센트 비율로 나타낸 것이 '전력 예비율'이다.

대부분의 경우 전력 예비율은 두 자릿수 퍼센트가 되도록 한다. 수요를 다 감당하지 못할 경우 모두 큰 피해를 보기 때문에 충분한 여유를 주는 것이다. 그런데 전력 소비에 대한 데이터가 실시간으로 완전하게 공급자에게 전달된다면 공급자는 이를 바탕으로 전력 수요를 보다 정확히 예측할 수 있다. 전력 예비율을 조금이라도 낮출 수 있다면 그로 인한 이득은 적지 않을 것이다.

친환경 발전과의 결합

스마트그리드의 앞날이 더욱 기대되는 이유는 다른 첨단 산업과 결합할 경우 큰 시너지 효과를 낼 수 있기 때문이다. 특히 기대되는 부분이 앞으로 널리 보급될 다변화된 전력 생산 방식이다. 스마트그리드는 이들을 운영하는 최적의 방법을 찾아낼 것이다. 그리하여 기존 전력 방식이 갖는 여러 단점을 보완한다.

보다 더 자세히 얘기해보자. 현재 전 세계적으로 각종 친환경 발전 방식이 보급되기 시작했다. 세계 각지에서 풍력 발전이나 태양광 발전의 발전량이 급격히 늘어나고 있다. 이들 친환경 발전의 특징 중 하나가 발전 단가가 싸고, 발전량이 시간에 따라 다르다는 점이다. 즉, 공급되는 전력의 가격이 시시각각 변한다는 얘기다. 요컨대 언제 어느 순간 저렴하게 전력을 생산하는지가 일정하지 않다.

특히 태양광 발전은 소형화되어 각 가정에서 유의미한 수준의 전력을 스스로 생산하는 단계가 됐다. 단순히 전력 생산 단가를 낮추는 수준을 넘어서서 잉여 전력의 생산도 가능하다. 그렇다면 기존에는 늘 전기를 소비만 하던 사람들이 역으로 이 전기를 주변에 공급하는 공급자가 되는 순간도 생긴다. 스

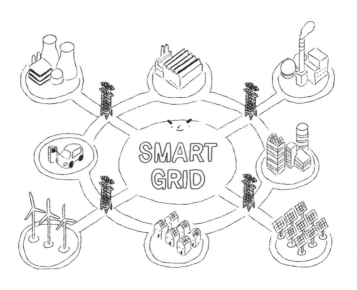

마트그리드는 이와 같은 상황을 능동적으로 활용한다. 데이터를 바탕으로 한 전력 공급의 쌍방향성은 스마트그리드가 지향하는 바다.

기존에는 전력이 한곳에서 대량 생산되어 소비자에게 공급되기만 했다. 하지만 스마트그리드 세상에서 전력 소비자는 생산자가 되기도 한다. 스마트그리드는 다양하게 생산되는 전력을 적절하게 분배하여 시스템 전체가 최고의 효율로 작동하도록 한다. 생산 단가가 저렴한 전기와 아닌 전기를 상황에 따라 등급별로 나누어 공급하여 전체 에너지 절약을 유도한다. 집집마다 있는 스마트미터는 이와 같은 상황에서 가장 합리적인 전력 소비 패턴을 찾는다. 대량의 전기 소모는 전기 생산 단가가 낮은 시간에 몰아서 하는 식으로 말이다. 더 나아가 그날의 풍속과 일조량 등을 고려해 적절한 전기 소비 계획을 세운다.

전기 소비량이 늘어날수록 전력 소비의 효율성 증대가 중요해진다. 가장 대표적인 예가 바로 전기 자동차. 전기 자동차를 충전해서 사용하는 시대가 되면 전기 사용량이 증가할 것이다. 국내 기준으로 만약 전기 자동차 100만 대가 보급된다면 발전량을 1% 늘려야 한다는 주장도 있다. 등록된 자동차가 2,000만 대가 넘는다는 점을 상기하면 전기 자동차가 보급되면 상당히 많은 추가 전력 소비로 이어질 것이다. 따라서 전기 자동차 충전을 위해 공급되는 전력에 효율성이 가미된다면 대단히 환영할 만한 일이다. 가정집이나 사업장이나 공공장소에서 전기 자동차를 충전할 때 싼값에 생산된 전력을 선별적으로 사용할 수 있으면 크게 도움이 될 것이다.

이와 같이 생산 전력의 단가가 차이가 날 때에는 전체 효율을 높이는 데에 배터리가 유용하게 사용될 수 있다. 기존 시스템에서는 그다지 적극적으로 활용되지 않던 아이템이다. 그러나 저렴하게 생산되는 전력과 비싸게 생산된 전력의 가격차가 상당히 많이 나기 시작하면 비용을 들여서라도 배터리를 장만해서 쌀 때 생산된 전력을 저장하는 것이 나을 수도 있다. 물론 이를 이용한 효율의 극대화는 스마트그리드의 역할이다.

배터리가 네트워크에 편입되는 순간 스마트그리드가 할 일은 더욱 늘어난다. 생각해야 할 변수가 많아진 만큼 스마트그리드의 능력은 더욱 돋보인다. 아니 사실 배터리가 필요한 단지인지 아닌지도 스마트그리드가 분석하여 제시할 가능성이 높다. 많은 전력량을 저장할 수 있는 배터리가 단지 형태로 있어야 효율적인 동네가 있을 수 있고, 집집마다 적당량의 배터리를 구비하는 것이 효율적인 동네가 있을 수도 있다. 물론 필요 없을 수도 있다. 역으로 배터리만 있으면 중앙 시스템에서 전력을 공급 받을 필요가 거의 없는 소규모 지역도 있지 않을까. 각 지역 스마트그리드 상황에 따라, 전력 소비 패턴에 따라, 또한 지역별 발전 능력에 따라 상이하다.

어떤 배터리를 구입해야 하는지, 가격은 비싸지 않을지 따위의 고민에 스트레스 받을 필요도 없다. 사용량과 사용 패턴을 분석한 스마트미터가 추천해 줄 것이다. 그런 것이 되니까 스마트다. 혹여 스마트미터가 자사에서 생산한 배터리만 추천할 때를 대비해서 미리 독과점 방지에 신경 써야 할지도 모르겠다.

콘센트를 안 뽑아도 전기 절약

전력 공급과 관련된 스마트그리드가 가정의 사물인터넷과 만나면 전기 절약 효과가 비약적으로 증가할 수 있다. 물론 그 효과가 크지 않을 것이라는 부정적인 견해도 있다. 근거로 요즘 가전제품들 대부분이 갖고 있는 절전 기능을 들 수 있다. 스마트 전력 관리 없이도 어느 정도 관리가 된다는 얘기다.

하지만 정도의 문제일 뿐 전력 사용량을 가시화하면 추가적인 절약 효과가 있을 것은 확실하다. 마치 사람들이 스마트폰의 남은 배터리를 보면서 절전 모드를 설정하는 것과 같다. 사물인터넷의 세상에서 스마트미터는 전기 사용량의 목표량을 설정할 수도 있고, 절약이 필요한 가전제품이 무엇인지 제시할 수도 있다. 가전제품을 동시에 사용하지 않도록 유도하여 부하가 집중되지 않도록 하거나, 절전 기능이 불안전한 제품들과 코드를 뽑아 놓아야만 하는 사물들을 알려 준다. 진정한 사물인터넷 세상에선 이 모든 것을 마치 핸드폰의 메뉴 고르듯 선택할 가능성도 있다. 스마트미터에서 절전 모드를 설정하면 집안 모든 사물들이 다 함께 반응하도록 네트워크로 연결하는 것이다.

스마트미터를 통한 간단한 조작 하나로 자동으로 조명의 밝기도 두 단계씩 낮아지고 각종 전열기도 효율이 최대인 모드로 작동한다. 가족들과 파티라도 하면 절전 모드를 잠깐 꺼두고 신나게 논다. 다음 날이 되면 어제 전기를 조금 썼으니 당분간 절약하자고 몇몇 절약 방법을 제안한다. 혹은 어젯밤의 소비로 인해 전기 요금이 어느 정도 더 나올지 예측해서 알려 준다.

이런 종류의 효율 향상은 전력 사업자의 요금 정책과 약간만 맞물리면 큰 에너지 절약으로 연결될 잠재력이 있다. 요금제를 이용해서 전체 에너지 소비 효율이 좋아지는 방향으로 유도한다는 얘기다. 예를 들어 한 달 동안 가정집의 순간 전력 사용량이 얼마 이상이 된 적이 없을 경우 추가 할인을 해줄 수 있다. 사람들이 한 번에 여러 가전 제품을 사용하는 습관을 약간이라도 제어한다면 예비 전력까지 고려해야 하는 전력 공급자의 입장에서는 큰 이익이다. 또한 이런 식의 제어가 전체 전력 사용량의 급격한 증가를 방어한다는 것 역시 자명한다.

전력 사업체 입장에서는 스마트미터 덕분에 적절한 정책을 설립할 수 있다. 기존과 다르게 실시간에 가까운 전력 사용 현황을 얻기에 실제 소비자가 가격에 어떻게 민감하게 반응하는지 데이터를 얻는다. 이를 바탕으로 합리적인 당근과 채찍을 소비자에게 제시한다. 사용자에게는 큰 불편을 주지 않으면서 전체 에너지 생산 체계에 큰 효율을 가져올 방법을 찾는다. 누진제를 너무 가혹하게 적용하여 반발을 부른다거나 절약 시 전력 소비자가 얻을 수 있는 당근을 너무 적게 책정해 무의미한 제도가 되는 것을 피한다. 빅데이터와 인공지능에서 확인했듯이 스마트그리드가 보급될수록 이와 같은 분석은 더욱 강력해진다.

이 모든 것이 결합되면 에너지 절약의 효율성은 곧 예술의 경지에 달한다. 스마트그리드가 완성된 세상에서 사물인터넷을 제어하는 스마트미터에게 다음과 같은 명령을 내릴 수도 있을 것 같다. "오늘 중으로 전력 효율이 1등급일 때 세탁기를 가동하도록 해." 아침에 조건부로 빨래를 예약하면 스마트미터기가 일기 예보를 확인하고 다음과 같이 말한다. "낮에 충분한 바람과 일조량이 있을 것 같아 별 무리 없이 임무를 완수할 수 있을 것 같습니다."

정부의 의지가 스마트그리드를 앞당긴다

방금 언급처럼 전력 분배망과 전력을 소비하는 집안의 사물들끼리 네트워크를 구성하면 진정한 스마트그리드의 완성이다. 그 혜택은 정말 놀라울 것이다. 하지만 그 전에 집 외부의 스마트그리드조차 만들기 어렵다는 것을 알아야 한다. 기존 전력망을 교체하는 일은 대단히 비싸고 힘든 일이다. 정부에서도 이런 문제를 잘 알고 이를 극복하기 위해 2009년부터 4년간 제주도에 스마트그리드 실증 단지를 만들어 연구하기도 했다.

사물인터넷 때문에 집안의 가전 제품을 바꾸는 것도 큰일인데 나라 전체의 전력망을 바꾸는 일은 얼마나 대단할지 말할 필요도 없다. 초기 투자 문제는 2009년 전력망의 현대화라며 스마트그리드에 110억 달러를 투입하기로 한 미국의 예에서도 드러난다. 미국은 이미 노후화된 전력망을 현대적으로 바꾼 것이니 사실상 바꿔야 할 때 바꾸는 것이다. 그럼에도 이 사업은 경기부양책의 일환이라는 명목까지 더해 이뤄졌다. 정부의 확고한 의지 없이 시장의 사업성만을 따져서는 스마트그리드를 위한 인프라가 갖춰질 수 없다는 것을 보여준다.

신기술의 처음은 대부분 어렵다. 어떤 식으로 신기술이 정착될지는 전문가들도 쉽게 예측할 수 있는 것이 아니다. 예상 못한 복병이 나타날 수도 있고, 갑자기 기술의 진보가 이뤄져 확 좋아질 수도 있다. 종합적으로 볼 때 사물인터넷 세상은 아마도 획기적인 변화보다 천천히 그리고 꾸준히 준비되는 모양새가 될 것이다. 물론 사람들은 양적 변화가 질적 변화로 이어지는 순간에 이르러 급작스럽게 변화를 느끼겠지만 말이다.

VI. 블록체인

01

블록체인이
뭐죠?

2018년 1월 18일 네 명의 패널이 공개적인 TV 토론회를 벌였다. 토론 제목은 '가상통화 신세계인가, 신기루인가'였다. 토론회 제목은 일단 가상화폐라는 요물이 세상에 등장했음을 말해준다. 2017년 말부터 가상화폐의 가치가 폭등하면서 이슈가 되자 사회에서 가상화폐를 어떻게 다루고 받아들일까를 두고 열린 토론이다. 가상화폐로 가장 유명한 게 비트코인이다. 비트코인 가격이 폭등하는 바람에 모르는 사람이 없게 됐다.

토론회 제목이 알려주는 또 다른 하나는 가상화폐를 바라보는 시선이 다양하다는 사실이다. 토론회는 우리 사회가 가상화폐를 어떻게 정의하고 다루고 받아들일지 사회적 합의가 이뤄지지 않았음을 보여줬다. 전문가들조차 가상화폐를 어떻게 바라봐야 하는지 의견이 분분하니 말 다했다.

새로이 등장한 것이 사회에 어떤 영향을 미칠지는 쉽게 장담할 수 없다. 특히 여러 분야에 응용 가능한 신기술이 등장하면 그 파급 효과를 쉽게 가늠할 수 없다. 비트코인이 이슈가 된 이유는 비트코인에 적용된 신기술 때문이다. 바로 블록체인이다. 블록체인은 2008년 홀연히 등장한 신개념 보안 기술이다.

가상화폐와 블록체인이 무슨 상관?

블록체인이 어떤 기술인지 이해하려면 보안에 대해 생각해봐야 한다. 보안에는 여러 단계가 있다. 크게 두 단계로 생각해 볼 수 있는데, 하나는 네트워크에서 행해지는 여러 작업과 '나'를 연결해 주는 보안이다. 스마트폰이나 컴퓨터 같은 단말기를 사용하는 자가 바로 '특정한 개인'인지 확인하는 방법 말이다.

우리는 대부분 아이디와 비밀번호를 이용한다. 단말기에 아이디와 비밀번호를 입력하고 로그인하면, 네이버, 다음, 각종 은행의 서버는 지금 단말기를 이용하는 사람이 비밀번호를 알고 있는 '본인'이라고 믿고 권한을 준다. 서버는 권한을 아이디에게 부여한다. 아이디 사용자, 단말기 앞에 앉은 사람이 진짜 아이디 소유자인지에는 관심이 없다. 단지 비밀번호는 '본인'만 알 수 있다는 전제를 바탕으로 비밀번호를 입력한 이에게 권한을 줄 뿐이다.

물론 비밀번호를 이용한 로그인은 개념상 매우 단순한 방법이다. 비밀번호는 보안 능력이 매우 낮다. 실수로 유출될 가능성이 높으며 '본인'이 까먹을 수도 있다. 실제로 많은 보안 사고가 여기서 일어난다. 해커들이 개인 PC에 앱을 깔아서 사용자가 로그인 할 때 정보를 빼오기도 한다. 특히 다른 사람에게 실수로든 속아서든 비밀번호를 포함한 개인 정보를 아예 넘겨주는 경우도 있다.

각종 생체 인식 기술이 발전하는 이유가 이러한 약점을 개선하기 위해서다. 만약 단말기가 생체 인식을 바탕으로 개인을 분별한다면 본인 외에는 아무도 권한을 갖지 못한다. 지문이든 홍채든 안면이든 누군가가 제일 먼저 완벽에 가까운 생체 인식 기술을 단말기에 심는다면 파급력이 어마어마할 것이다. 해킹이 불가능한 로그인 방법을 제공하는 단말기니까 말이다. 로그인 정보는 오로지 나의 몸에만 있으므로 각종 금융 업무를 하면서도 안심할 수 있다. 괜히 삼성과 애플에서 이런저런 생체 인식 기술을 서둘러 발표하는 게 아니다. 선점한 사람이 많은 것을 가져간다. 제대로 된 기술 배틀 중이다.

두 번째 단계의 보안은 권한을 받은 아이디가 임의 조작을 못하도록 하는 것이다. 권한을 부여받은 아이디가 서버 안에서 아무 일이나 막 하고 다니면 안 된다. 정해진 권한으로 허가받은 일만 해야 한다. 예를 들어 한 아이디가 다른 사람이 남긴 글이나 댓글을 마구 수정하고 다닌다고 생각해 보자. 이것은 보안이 제대로 작동하고 있는 상태가 아니다.

블록체인과 관련이 깊은 보안 단계가 바로 이 부분이다. 블록체인은 새로운 권한을 받은 아이디가 임의 행동을 하는 것을 막는다. 이 부분에서 블록체인은 거의 완벽에 가깝다. 블록체인 기술로 보안이 지켜진 것이 바로 비트코인인데, 비트코인 가격이 천정부지로 치솟아도 이 블록체인으로 보안이 되고 있는 단계에서는 해킹이 발생하지 않았다. 비트코인의 높은 가격은 곧 해킹에 성공했을 경우 해커가 받을 큰 보상을 의미한다. 따라서 역으로 보안이 얼마나 견고한지 알 수 있다. 블록체인은 이런 견고한 보안 환경을 기존과는 완전히 다른 방법으로 구축했다.

해킹이 불가능한 기술

블록체인이 완전무결하게 보존하는 것은 원장, 그러니까 흔히 말하는 장부다. 블록체인 기술을 통해 한번 기록된 장부는 임의로 조작할 수 없다. 해커가 장부를 조작하여 자신 소유의 돈이 임의로 많아지도록 기록하는 일은 일어나지 않는다.

물론 보통의 은행도 같은 일을 하고 있다. 은행은 해커가 함부로 접근하지 못하게 은행의 모든 입출금이 기록된 원장을 여러 가지 보안 프로그램으로 겹겹이 막아 놓고 관리한다.

하지만 블록체인의 방식은 전혀 다르다. 일단 블록체인은 원장을 철통 보안이 유지되는 서버 안에 모셔 놓는 것이 아니라 역으로 여러 명이 공유한다. 그러니까 각자 자기 컴퓨터에 본인의 원장을 갖고 있다. 블록체인 구성원들은 늘 이 원장을 서로 비교하면서 동일성을 확인한다. 혹시 누군가가 임의로 조작했는지 검토한다. 따라서 해커가 이 장부를 조작하려면 구성원의 장부를 전부 다 해킹해야 한다.

블록체인 구성원이 엄청나게 많으면 그들 컴퓨터를 전부 동시에 해킹해야 한다. 물론 매우 어려울 뿐 불가능한 것은 아니다. 그런데 사실상 해킹을 불가능하게 만드는 장치가 여기에 추가된다. 바로 '블록'과 '체인'이다.

블록체인에서 장부는 블록 단위로 기록된다. 그런데 새로운 블록을 기록할 때 먼저 기록된 블록에 기록된 내용이 함께 기록되어야만 한다. 암호화된 상태로 축약해서 말이다. 블록체인 시스템 안에서 이 암호화 과정은 쉽지 않다. 구성원 컴퓨터들이 열심히 노력해도 암호화에 일정 시간이 걸린다. 시스템은 구성원이 적절한 시간 안에 암호화에 성공하도록 이 시간을 너무 많지도 적지도 않게 조절한다. 마치 이전 블록이 낸 문제를 풀어서 답을 새로운 블록에 써 넣어야만 하는 것과 같은 형국이다. 그래서 수학 문제를 푼다고 비유하는 사람들도 많다.

고생해서 암호화에 성공하면 비로소 새로운 블록이 생성된다. 이제 이 새 블록은 그 다음 블록에 다시 암호화되어 기록돼야 할 블록이 된다. 다음 블록에는 방금 만들어진 새 블록의 내용이 암호화돼서 들어가야만 한다. 이렇게 내용들이 연결된 것이 마치 블록들이 체인처럼 얽혀 있는 모양새라고 하여 블록체인 기술이라 이름이 붙은 것이다.

이제 블록체인 시스템에서 해킹을 통한 장부의 임의 조작이 왜 어려운지 이해할 수 있다. 해커가 장부의 일부를 수정하면 체인처럼 연결된 그 뒤 블록의 암호를 바꿔야 한다. 그러면 그 뒤의 블록이 바뀌었으니 그 뒤의 것 역시 또 바뀌어야 한다. 그

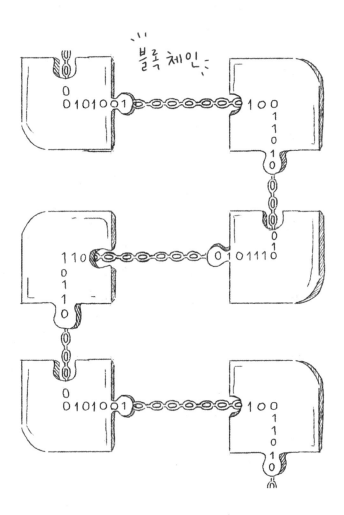

러면 또 뒤 블록 값도 바뀌어야 한다. 같은 원리로 모든 블록이 다 바뀌어야 한다. 암호값이 옳지 않으면 블록은 장부를 구성할 수 없다. 그런데 암호를 하나 찾는데 구성원 전체의 컴퓨팅 파워로도 일정 시간이 필요했다. 이런 암호가 일정 시간 단위로 블록과 함께 계속해서 새로 생기고 있다. 어떤 해커도 이런 엄청난 계산 능력을 보유할 수 없다. 블록체인은 임의 조작 비용을 매우 크게 만듦으로써 해킹을 불가능하게 만든다.

가상화폐는 진짜 화폐가 될 수 있을까

요컨대 블록체인 기술은 무결성을 보장하는 데이터 공유 기술이다. 비트코인을 비롯한 가상화폐는 이 기능을 원장에 적용하여 원장에 적힌 숫자를 화폐처럼 이용하자는 아이디어를 낸 것이다. 블록체인 응용의 한 방법인 것이다.

가상화폐는 몇 가지 장치를 추가하여 화폐 기능을 갖게 했다. 제일 먼저 화폐의 보안. 이미 얘기했듯이 블록체인 장부는 완전무결하기 때문에 거래를 통한 화폐의 이동은 완전히 안전을 보장받는다. 이 화폐는 위변조가 불가하다.

그다음은 화폐의 발행. 화폐의 발행 방법은 가상화폐마다 다르고 매우 다양하다. 비트코인의 경우, 암호화 문제를 먼저 풀어서 시스템에 기여한 자에게 일정 부분 신규 화폐가 부여된다. 그래서 많은 사람들이 이 화폐를 받기 위해 다수의 컴퓨터를 동원해서 열심히 문제를 푸는 것이다. 동시에 여러 컴퓨터가 이 일에 동원될수록 먼저 성공할 확률이 높으니 여러 컴퓨터를 쓰고, 이 수학 문제 풀이에 그래픽 카드가 유용하게 쓰이니 다들 고급 그래픽 카드를 사용한다. 이렇게 컴퓨터 여러 대를 모아 비트코인을 얻으려는 행위를 '채굴'이라고 부르고, 컴퓨터가 모인 장소를 '채굴장'이라 부른다.

마지막으로 화폐의 익명성. 화폐라면 신용카드와 달리 개인 신분의 노출 없이 사용할 수 있어야 한다. 가상화폐들은 장부에 기록되는 아이디로 완전한 익명성이 보장되는 암호화키를 사용함으로써 화폐의 익명성을 확보했다.

이렇게 화폐의 기본 요건을 갖추게 된, 혹은 기본 요건만 갖추게 된 비트코인은 엄청난 화제몰이를 했다. 더불어 보안 시스템으로서 블록체인은 가상화폐의 성공을 통해 완벽히 인정받았다. 이제 블록체인의 안정성에 대해서 의구심을 갖는 사람은 없다. 당연하게도 블록체인의 유용성과 응용 방법을 생각하는 사람은 더욱 늘어났다.

02

완전무결한 보안,
보증이 필요 없는 거래

블록체인의 최대 강점은 바로 완전무결한 장부의 보안이다. 한번 기록된 장부는 시스템이 무너지지 않는 한 위조 또는 변조되지 않는다. 인류는 블록체인을 통해 100% 완전한 보안 시스템을 비로소 가지게 됐다. 블록체인은 유례없이 강력하고, 개념은 놀랍도록 간단하다.

따라서 장부를 완전무결하게 보존하고자 하는 모든 주체들이 블록체인 기술을 활용하려 한다. 물론 아직은 개선할 여지가 있는 개발 중인 기술이다. 하지만 강점이 너무 막강하기 때문에 기술 개발을 통해 단점을 이기려는 노력들이 곳곳에서 진행 중이다. 블록체인이 가진 여타의 다른 장점 대부분은 사실 따지고 보면 전산화의 장점과 크게 다르지 않다. 막강한 보안. 이에 비하면 다른 것들은 부차적인 요소다. 그런데 몇 가지 독특한 추가적인 장점이 있다. 그중에 가장 주목할 만한 것은 바로 투명성과 탈중앙화다. 이름만큼 실제 의미도 멋지다.

투명한 블록체인

블록체인의 장점과 더불어 꼭 짚고 넘어가야 하는 블록체인의 특징이 있다. 바로 블록체인의 구성원들이 장부를 공유한다는 점이다. '분산 저장'이라는 표현을 사용하기도 한다. 그러나 둘 모두 적확한 표현은 아니다. 하나의 장부를 여럿이 갖는 것이 아니고, 복제된 동일한 여러 장부를 여럿이서 하나씩 갖는 것이기 때문에 공유라는 표현도 딱 들어맞지는 않는다. 자료를 나눠 갖는 것이 아니라 복제해서 가져가기 때문에 분산이라는 표현도 만점은 아니다. 어찌됐든 이렇게 공유되는 원장을 '분산 원장Distributed Ledger'이라고 한다.

이렇게 자료를 나눠 갖기 때문에 사실 자료의 기밀을 지키는 데에는 적합하지 않다. 역으로 블록체인은 이런 특징으로 말미암아 투명성이 장점이다. 블록체인은 정보가 모두에게 공개될수록 더욱 가치가 높아지는 분야에 더 쉽게 적용된다.

여러 명이 열람하고 또 계속 수정해야 하지만 절대적으로 조작이 일어나면 안 되는 장부. 그러면서도 정보가 투명하게 공개되면 좋은 것. 생각보다 주변에 많다. 많은 공공 기관의 정보들이 이에 속한다. 자주 언급되는 것이 토지대장이다. 토지대장은 토지의 현황을 기록하는 것인데 여기에 위변조가 발생하면 사태가 심각해진다. 블록체인 기술이 정말 필요한 부분이다. 그리고 열람이 상대적으로 자유롭다. 딱히 크게 비밀로 해야 할 정보가 아니다.

　이런 이유로 실제로 부정부패로 유명한 온두라스에서는 토지 관련 문서 조작을 방지하기 위해 토지 계약을 블록체인으로 관리하는 방안을 추진했다. 스웨덴에서도 토지 등기에 블록체인 시스템을 활용하기 위해 단계별로 여러 차례 시험을 하고 있는데, 2018년 6월에 벌써 세 번째 시험을 수행했다.

　같은 맥락에서 미국의 유통 기업 월마트에서는 식품의 이력을 블록체인을 사용하여 관리하는 방법을 고안 중이다. 식품 이력 역시 이 모든 특징을 갖고 있다. 조작이 일어나면 안 되고 정보는 모두에게 공개될수록 좋다. 네트워크 참여자가 바로바로 자기가 갖고 있는 원장을 통해 현황을 파악할 수도 있으니 더할 나위 없이 좋다.

블록체인의 장점1: 무엇과도 바꿀 수 없는 보안

그렇다면 정보의 비밀이 중요한 경우에는 블록체인을 사용할 수 없는가? 그렇지는 않다. 부차적인 기술이나 새로운 방법이 접목되어 문제를 해결할 것이다. 원장에 대한 완벽한 보안은 다른 기술로 쉽게 대체될 수 없기 때문이다. 다른 단점을 만회하려는 수많은 기술적 노력이 뒤따를 것이다. 장부의 보안이란 이처럼 중요한 것이다.

따라서 장부가 생긴다면 보안이 강력해야 하는 분야에서 적극적으로 도입 여부를 타진할 것이다. 예를 들어 자율주행차의 주행 기록 같은 것을 블록체인 형태로 바로바로 기록할 수 있다. 교통사고 시 자신의 차에 있는 블랙박스 메모리를 제거하는 가해 차량 운전자 얘기를 많이 들어봤을 것이다. 블록체인으로 운행 기록이 관리된다면, 이런 일은 애초에 불가능하다.

물론 개인의 차량 운행 기록은 만인에게 공개되어 좋을 것 없는 명백한 개인 정보다. 하지만 충분히 타협이 가능하다. 이 기술을 공공 기관 차량이나 승객 운송 사업을 하는 차량에만 적용해도 충분히 효과적이다. 아니면 보험 회사나 자동차 회사 등에서 운행 기록을 블록체인으로 관리할 경우 할인을 제공하는 식으로 사용을 유도할 수도 있다.

같은 맥락에서 블록체인에 가장 큰 관심을 보이는 분야 중 하나가 바로 의료 분야다. 개인의 의료 정보는 절대로 수정돼서는 안 되는 중요한 것이다. 환자 본인 포함해서 누구도 함부로 조작하면 안 된다. 그런데 아직 하나의 장부로 통합되지 않았다. 병원마다 진료 기록을 따로 갖고 있으며, 서로 공유하지 않는다. 병원을 옮겨 다니면서 환자들은 진료 기록이나 그와 비슷한 증서 등을 갖고 다녀야 한다.

블록체인으로 환자 개인 정보가 믿을 만하게 공유된다면 이런 번거로움을 피할 수 있다. 의사들도 자료가 원본과 같음을 의심하지 않고, 환자들도 의사들끼리 완전한 정보를 공유하고 있음을 안다. 부수적인 잡일도 피할 수 있고 중복되는 검사 따위를 줄일 수 있다. 앞으로 의료 산업에 인공지능이나 빅데이터와 같은 첨단 기술이 도입되면 의료 데이터의 중요성이 더욱 강조될 것이 분명하다. 그러면 데이터의 무결성을 보장해 줄 블록체인의 가치 역시 더욱 커질 것이다.

물론 개인의 의료 기록은 비밀 유지가 매우 중요하다. 지금 가상화폐에 적용되는 방식으로 원장이 마구잡이로 공개돼서는 곤란하다. 그럼에도 불구하고 장부의 완전함이란 놓치기 싫은 가치다. 실제로 블록체인에 대한 의료 산업의 관심은 절대적이다. 대한민국 보건복지부 의료정보정책과 과장이 2018년 안에 관련 R&D 논의를 시작하겠다고 밝힐 정도다. 당연히 국제적인 기업들은 훨씬 재빠르게 움직이고 있다.

블록체인의 장점2: 안전 보장 거래의 매개체

막강한 보안 외에 현재 블록체인이 갖는 또 하나의 강력한 기능이 있다. 그것은 바로 '스마트 계약'이다. 보통 계약은 서로를 보호하기 위해 중재자가 필요하다. 예를 들어, 물건을 보내고 돈을 받기로 한 경우 당사자 둘만 있다면 물건을 먼저 보낼지 돈을 먼저 보낼지 일반적인 해법을 찾을 수 없다. 당사자 둘 모두 사기를 당하지 않을 확신이 없기 때문이다. 그러나 중재자가 있다면 얘기가 달라진다. 중재자가 일단 먼저 돈을 받고 그 돈을 잠시 맡아둔 뒤 물건을 보내라고 하면 되기 때문이다. 중재자는 물건이 제대로 도착한 것을 확인한 후 돈을 건넨다. 만약 물건이 도착하지 않으면 중재자가 다시 돈을 돌려주면 된다.

평소 이런 중재자 역할을 가장 많이 수행하는 것이 은행이다. 은행은 수출입 관련 거래를 이렇게 보증한다. 그런데 블록체인은 이와 같은 일을 중재자 없이 가능하게 한다. 블록체인 자체에 이와 같은 계약 조건을 걸 수 있기 때문이다.

가까운 미래에 전산화된 블록체인을 통해 집을 거래를 한다고 해보자. 구매자는 집이 온전히 내 소유가 된 뒤에 돈이 전달되기를 바란다. 그는 블록체인에 거래 대금의 지급 조건으로 집과 관련된 모든 명의가 자신으로 정해진 순간 돈이 지급되도록 프로그래밍하여 블록을 만든다. 그리고 거래자에게 블록이 형성되었음을 알린다. 거래자는 블록의 내용을 확인하고 블록이 제시한 조건을 만족시키기로 한다. 가스나 전기 같은 것들을 포함한 명시된 모든 것의 명의를 하나하나 넘긴다. 조건은 하나씩 모두 전산화되어 블록체인 시스템에 전달된다. 거래 당시 형성된 블록은 마지막 조건이 달성되는 순간 프로그램된 대로 돈을 전달한다.

바로 눈치챘겠지만 이 대목에서 블록체인의 가능성은 무궁무진해진다. 세상 모든 거래에 적용될 수 있다. 기업 간 거래, 개인 간 거래를 가리지 않는다. 예로 든 부동산 계약 외에 보험 계약에도 적용되는 모습도 쉽게 상상 가능하다. 보험료가 지급될 조건을 블록에 넣어서 생성하는 것이다. 만약 전산화된 조건이 네트워크에 입력되면 피보험인은 보험료를 바로 지급받을 수 있다. 이론상 블록체인이 완벽하게 작동한다면 개인이 따로 보험료를 신청하니 마니 고민할 필요조차 없다. 게다가 이 계약은 장부에 기록된 만큼 절대 위조와 변조가 불가하다.

스마트 계약의 이런 특징을 탈중앙화라고 한다. 거래를 완수하기 위해 중앙에서 상황을 관장하는 제3자가 필요하지 않다고 하여 붙여진 이름이다. 그럴듯하지 않은가? 블록체인을 이용하면 서로 완벽히 신뢰할 수 있는 계약 시스템 구축이 가능하다. 은행과 같은 거대하고 믿을 수 있는 중재자가 필요치 않다. 사고를 방지하기 위해 신뢰를 수수료로 사는 일이 끝나는 것이다.

이제 새로운 종류의 세상이 열린다. 친구끼리 축구를 보다가 내기를 하는 순간에도 블록체인을 쓸지 모른다. 축구 점수가 전산화되어 네트워크에 입력만 되면 말이다. "한국이 1점차로 이기면 만 원!" 물론 블록체인으로 내기를 걸면 물리기는 불가능하다.

03

블록체인의 미래:
엄청난 자원과
맞바꾸는 보안

블록체인이 유지되기 위해서는 비용이 상당히 많이 필요하다. 이것은 때론 네트워크 비용이고 때로는 개별 컴퓨터의 컴퓨팅 자원이고 때로는 전기 사용료다. 네트워크 참여자 모두에게 책임이 조금씩 돌아가지만 이는 안전을 위한 것이지 효율을 위한 것이 아니다.

간단히 말해서 장부가 단일 서버에 저장돼 있다면, 이 일은 단일 서버 컴퓨터 혼자 알아서 하면 되는 일이다. 하지만 블록체인의 경우는 수많은 컴퓨터가 다 같이 나서서 각자 자신의 장부를 수정해야 한다. 네트워크 사용량 측면에서 본다면 효율 비교 자체가 무의미할 정도다. 블록체인 중 하나인 '이더리움'

의 창시자 비탈릭 부테린Vitalik Buterin이 2018년 봄 한국에서 한 발표에 따르면, 현 블록체인은 아마존 웹서비스AWS에 비해 효율성이 100만 배 떨어진다.

전 세계를 달군 비트코인 시스템의 경우 사태가 더욱 심각하다. 비트코인은 블록을 생성할 때 코인을 두고 개개인을 경쟁시킨다. 대다수의 경쟁들처럼 이 경쟁 역시 대단히 비효율적이다. 이 경쟁을 통해 개인은 각자 컴퓨터의 그래픽 카드 자원을 소모하고 수많은 전기를 사용한다. 네트워크 트래픽 역시 소모된다. 대신 얻는 것이 보안이다. 2017년 비트코인 네트워크가 1년 동안 소비한 전기 에너지 양이 아일랜드가 1년 동안 사용하는 양과 비등하다고 한다. 이 비효율을 어떻게 바라봐야 할까?

투명하고 공정한 게 단점

블록체인의 최대 강점이자 단점은 탈중앙화다. 네트워크를 구성할 수만 있으면 방대한 인터넷 세계에 스스로 자립한다. 자발적 참여로 블록체인이 구축되면 네트워크는 이를 저지할 구실이 없다. 그들에게는 정해진 규칙만 있을 뿐이다. 규칙에 맞게 소프트웨어를 사용하고 블록을 구성하고 공유한다. 거기엔 어떤 중앙 기관도 없다. 누구나 규칙만 지키면 참여 가능하다. 따라서 누구도 이를 조작할 수 없다. 장부에 기록되는 모든 것은 완전히 투명하고 공정하다. 기회 역시 네트워크 구성원 모두에게 평등하다.

2018년 4월 이더리움 블록체인에 성폭행 폭로 글이 올라왔다. 중국 베이징대학교의 한 교수가 성폭행을 저질렀으나 관련 정보가 공개되지 않고 있으며, 그와 관련된 요구들이 묵살되고 있다고 자세히 밝혔다. 이 글은 이더리움 블록체인에 기록된 만큼 포털 사이트의 댓글이나 게시판의 글과 운명이 다르다. 수정이나 삭제가 불가능하다. 이더리움이 사라지기 전까지 영원히 글자 하나 바뀌지 않고 남아 있을 것이다. 네트워크는 공개되어 있어서 조회를 불가능하게 만들 수도 없다. 한마디로 제아무리 강력한 권력이라도 이것을 다른 이가 못 보게 할 수 없다는 의미다.

하지만 이 때문에 얻게 되는 단점도 만만치 않다. 장부에 오류가 발견됐거나 시스템에 수정할 게 있어도 누구도 이를 쉽게 건드릴 수 없다. 아니 변경이 불가능에 가깝다. 시스템 참여자는 방대하게 많고 지구 곳곳에 흩어져 있다. 시스템이 비효율적으로 움직여도 수정할 수 없다.

체코 두코바니 지역에 건설된 원자력 발전소. 블록체인 기술이 많이 사용될수록 이런
원전이 더 많이 필요할 것이다.

다시 비트코인의 예를 들어보자. 비트코인이 제대로 작동하기 위해 하나의 국가가 사용하는 만큼의 전기 사용료가 들어간다. 그러나 그 비용이 적절하게 잘 분담되고 있는지 생각해볼 일이다. 누군가 비트코인이라는 부를 거머쥐기 위해 막대한 전기를 사용한다. 각국의 정부와 전력 회사들은 전기 사용량을 충당하기 위해 전력 수급 정책을 조율해야 한다. 발전소를 짓기 위해 추가로 부지를 매입해야 하고 환경파괴적인 대형 공사를 벌여야 한다. 원자력 발전소를 추가로 짓는 나라도 있을 테고, 신재생 에너지로 국가적 전환을 이루는 것이 맞는지 아닌지 격론을 벌이면서 사회적 비용을 지출하는 나라도 있을 것이다.

이렇게 생각해보면 비용 부담과 같은 한가한 소리할 때가 아니다. 21세기 인류의 일부는 지구의 자원이 한정적이란 것을 비로소 진정으로 깨달았다. 어떻게든 지속가능한 지구 환경을 만들기 위해 노력 중이다. 에너지 효율을 높이려 하고 이산화탄소 배출량도 줄이려고 한다. 그런데 각광받는 신기술이 엄청나게 비효율적으로 에너지를 소비하고 있다니 정말 모순적이다. 아니 큰일 난건가.

누구도 제어할 수 없다

블록체인 자체가 비효율적이라 부정적이라는 뜻이 아니다. 아직은 비효율적이지만 분명히 기술 개발이 이뤄질 것이다. 또는 비효율이 극에 달하지 않는 선에서 이용될 것이다. 새로이 개발된 기술이니까 미흡한 부분이 있을 수 있다. 아직은 개선될 여지가 많다.

그런데 비트코인에 대해서는 지적하고 싶은 부분이 있다. 비트코인은 이미 네트워크에서 자신만의 생명력을 가지기 시작했다. 이제 웬만해서는 이것을 막을 수 없다. 2018년 현재 1비트 코인에 수백만 원씩 한다. 어떤 자유민주주의 국가에서도 개인 컴퓨터가 네트워크에서 하는 일을 함부로 제어하지 못한다. 하물며 막대한 재산이 연동되어 있는 경우에는 더더욱. 이런 이유로 비트코인은 쉽게 사라지지 않을 것이다. 비트코인이 앞으로 통화로서 기능할 것이니 마니 하는 어설픈 미래 예측을 하려는 것이 절대 아니다. 지금 비트코인의 현재에 대해 얘기하고 있다. 핵심은 현재의 효율성과 그것에 대한 제어다. 엄청난 비용을 인류적 차원에서 소비하기 시작했지만 누구도 통제하지 못한다. 인류가 여태 이런 경험을 했던 기술이 있던가?

기술은 처음에 언제나 미완성이고 미흡하다. 완전한 기술은 없다. 그것을 자랑하는 자는 기술자가 아니고 사업가 혹은 사기꾼이다. 늘 수정해야 하고 새로 개발돼야 한다. 하지만 비트코인은 그 모든 것을 떨쳐 버렸다. 물론 구성원들의 합의하에 시스템을 수정할 수는 있다. 어렵지만 아예 불가능한 것은 아니다. 하지만 기존 기술과 비교하면 그 차이점을 엄연히 알 수 있다.

만약 새로 개발된 자동차에 문제가 있으면 정부는 자동차 회사에 리콜을 명령한다. 자동차 회사는 안전을 위해 소비자들에게 리콜을 명받은 사실을 알리고 차를 수리한다. 여기에 어떤 망설임도 선택도 없다. 제도에 따라 제품을 판매한 기업이나 관리 감독 책임이 있는 정부나 실제 사용자나 수정을 받아들인다. 새로 개발된 전화기 배터리에 문제가 있으면 제조사는 발 빠르게 수정한다. 이미 불량인 제품은 수거하거나 판매 중지를 결정한다. 피해를 입은 소비자에게 보상을 해주며 더 개선된 제품을 만든다.

하지만 비트코인에게 이런 과정이 없다. 엄청난 비효율성을 보여주고 있지만 이를 수정할 길은 없다. 탈중앙화된 시스템이기 때문에 누구도 책임지지 않으며 누구도 앞장서지 않는다. 보다 나은 블록체인 시스템을 개발할 수 있다. 비트코인을 개량할 수 있다. 하지만 네트워크 구성원이 이동하지 않는 데에는 방법이 없다. 비트코인이 멈추는 방법은 자발적으로 구성원이 비트코인을 떠나는 것밖에 없다. 마치 놀이터가 폐허가 되듯이 사람이 하나둘 떠나는 것이다. 그날이 올지 안 올지 모르지만 인류는 그 기간 동안 엄청난 양의 전기 에너지를 사용해야 한다. 핵분열을 일으키든 바람을 이용해 프로펠러를 돌리든 말이다.

디젤 게이트의 교훈

신기술은 어떤 영향을 가져올지 아무도 모른다. 그렇기 때문에 항상 그 영향이 무엇인지 촉각을 곤두세우고 있어야 하며 언제나 바로 제어할 준비가 되어 있어야 한다.

1921년 말경 미국의 자동차 회사 제너럴 모터스가 유연 휘발유를 개발했다. 휘발유에 납 성분을 넣어 엔진 성능을 좋게 만드는 기술이었다. 유연有鉛이라는 문자 그대로 납이 포함돼 있었다. 이 휘발유를 사용하면 소음도 적고 출력도 증가했다. 이 휘발유의 개발자에게 상을 줄 정도로 대중들에게 환영받았다. 1986년 미국에서 유연 휘발유가 판매 금지되기까지 60년이 넘는 기간 동안 사람들이 사용했다.

그러나 납은 맹독성 물질이다. 수많은 사람이 휘발유 생산 공정에서 납 중독의 고통을 앓았다. 개발자 자신도 납 중독 증세 때문에 요양을 필요로 했으니 말 다했다. 대기 중으로 흩어진 납을 흡수한 사람들이 얼마나 다양한 형태로 불편을 겪었을지는 확인조차 불가능하다. 학자들은 유연 휘발유의 사용이 납 중독 어린이의 수에 영향을 미친다는 것을 알아냈다. 피해가 얼마나 광범위하고 은밀했는지 알 수 있는 대목이다.

피해가 치명적이지 않았다고도 못한다. 혈액 중 납의 농도와 어린아이의 지능 사이에 상관관계가 있다는 논문이 있을 정도니까 말이다. 무려 60년간 사람들은 이 신기술이 주는 열매에 취해 피해를 살펴보지 못했다. 이것은 60년 동안 일어난 사건이고 우리는 이것을 교훈으로 삼아야만 한다.

1990년대 중반 탄소 배출을 줄여야 한다며 유럽 정부들은 효율적인 디젤 엔진의 도입을 적극 추진했다. 정책 자체는 계획대로 착착 진행됐다. 정부의 주도하에 빠르게 휘발유 엔진은 디젤 엔진으로 전환됐다. 기업들은 규제에 부응하는 신기술을 도입했다며 앞다퉈 새로운 엔진과 차종을 선보였다.

기술자들은 디젤이 환경에 나쁜 성분을 마구 뿜어대는 특성이 있다는 것을 알고 있었다. 하지만 기업들은 이런 디젤의 특성을 잘 컨트롤하고 있다고 밝혔다. 그런데 상황은 이상하게 흘러갔다. 정부의 각종 규제에도 대기의 질은 점점 나빠졌다. 사람들은 '클린 디젤' 정책에 의구심을 품기 시작했다. 급기야 2015년 디젤게이트가 터졌다. 독일의 거대 자동차 회사 폭스바겐이 자신들의 차에서 나쁜 배기가스가 기준치의 수십 배 이상 발생하는데도 이를 속여 온 것이다.

문제는 폭스바겐에만 그치지 않았다. 다른 자동차 회사들도 별반 크게 다르지 않았던 것이다. 사태는 쉽지 않았다. 프랑스가 유럽 디젤 정책의 실패를 공공연하게 선언하는 지경이 이르렀다. 클린 디젤 기술에 열기관의 앞날을 잠시라도 맡길 수 있으리라 기대했건만 돌아온 것은 20년 동안 나빠진 대기 환경이었다. 그 피해는 고스란히 사회 구성원 모두의 몫이 됐다. 유연 휘발유 사건을 경험한 지 채 10년도 지나지 않았지만 비슷한 일이 벌어졌다. 과연 인류는 경험을 교훈으로 삼을 능력을 갖고 있는지 의심해 볼 필요가 있다.

기술 개발에는 멈춤 버튼이 필요하다

놀랄만한 신기술들이 어떤 변혁을 가져올지 사람들은 큰 관심을 갖고 있다. 4차 산업혁명이라는 말을 모든 이가 알고 있는 것 자체가 이를 증명한다. 그만큼 많은 사람들이 다양한 관점을 갖고 있다. 하지만 자칫 흐름에 매몰되기 쉽다. 변화가 가져올 찬란한 청사진에 취하는 것이다. 적지 않은 사람들이 기업의 활발한 연구 개발을 지원해야 한다고 말한다. 신기술이 크게 도약할 수 있도록 정부가 토대를 마련해 줘야 한다고 주장한다. 이 변혁의 시대 초입에 뒤쳐진다면 세계적으로 도입할 기회를 놓치게 된다. 변화가 오는 시기는 위기일 수도 있지만 새 시대의 기회이기도 하니까.

틀린 말은 아니다. 하지만 충분하지 않은 말이다. 변화는 의도한 곳에서만 나타나지 않기 때문이다. 청사진처럼 예쁘게만 찾아오지도 않는다. 사회는 언제나 신기술이 가져다 줄 변화를 주체적으로 바라볼 수 있어야 한다. 신기술을 통해 어떤 이가 이익을 보고 있으며, 부차적으로 어떤 부작용이 생기는지 꾸준히 세심하게 관찰해야만 한다. 그리고 더 나아가 언제든 이것들을 '일시 정지'시킬 수 있는 능력을 지녀야 한다.

이것은 부작용이 우려돼 변화를 지체하자거나 변혁을 피하자는 말과는 다른 말이다. 오히려 기술 변화에 적극적이어야 한다는 주장이다. 단지 사태를 섣불리 낙관하거나 충분히 대비했다는 자만에 빠져 사후 관찰을 게을리하면 안 된다고 말하는 것이다.

기술이 훌륭하고 능력이 막강할수록 파급 효과가 크다. 인공지능, 자율주행차, 빅데이터 등 여태 말해온 기술들의 능력은 인간의 순진한 상상을 초월하기 시작했다. 능력이 뛰어난 것을 깨달아 갈수록 조심해야 할 필요를 느껴야 한다. 하나의 멋진 응용을 상상할 때마다 그것이 어떤 변화를 몰고 올지 예상해야 한다. 실제로 기술이 적용될 때에는 사람들이 느끼는 변화를 더욱 세심히 관찰하여야 한다. 물론 기술이 가져다 준 변화에 발 빠르게 대처할 수 있는 능동적인 사회 시스템 역시 필요하다.

수많은 기술자들과 기업가들이 신기술을 이용하기 위해 머리를 짜낸다. 적어도 그들이 노력하는 것과 비슷한 정도로 사회의 한편에서 변화가 일으키는 부작용을 상쇄하려는 노력이 반드시 있어야 한다. 균형은 저절로 맞춰지지 않는다. 정부를 비롯한 사회 제반 시스템이 4차 산업혁명을 맞이할 준비가 되어 있는지 돌아봐야 할 때이다.

변화에 스트레스를 받는 그대에게

사실 세상이 늘 변한다는 사실을 누구나 알고 있다. 기술자들이나 예술가들, 경제학자나 기업가들 모두 미래의 모습은 지금과 다를 것이라고 한결같이 말해 왔다. 그런데 지금 시대, 4차 산업혁명이 목전이라고 불리는 21세기 초엽은 두드러진 특징이 있다. 바로 미래가 곧 엄청나게 바뀔 것이라고 정확히 예상된다는 점이다. 이에 대해 논리적이고 합리적으로 추론이 가능하다.

막연히 미래를 예상하는 것과는 다른 일이다. 미래에는 놀라운 기술 개발이 이뤄져 인류가 우주로 진출할 것이라는 식의 공상 과학적 청사진과는 명백히 다르다는 얘기다. 긴 지질학적

시간을 고려해 볼 때 인류의 운명이 종국에 어찌될 것이라는 식의 예언과도 차원을 달리한다.

지금 다가올 변화를 '4차 산업혁명'이라고 따로 이름을 붙여서 살펴보는 근본적인 이유가 여기에 있다. 신기술과 그를 둘러싼 여러 경제 주체들의 생각과 동향을 파악하면 어떤 변화가 올지 미리 큰 그림을 그릴 수 있다. 변화에 대비할 수 있다. 새로운 질서를 조각할 수 있고 충격을 완화할 수 있다.

물론 변화에 스트레스가 없을 수는 없다. 특히 개인은 시나브로 일어나는 변화도 갑작스럽게 느끼는 경우가 많기 때문에 실제보다 큰 스트레스를 받는다. 비트코인도 100만 원이 넘을 때까지 사람들은 존재만 겨우 알지 않았던가. 스마트팩토리가 보급되고 세상 곳곳에 빅데이터가 널리 적용되는 변화가 일어나도 개인은 모를 수 있다. 자기 삶의 습관이 바뀌고 직장에 일이 생기면 그제야 주변의 변화를 알아챈다.

같은 관점에서 볼 때 기업이 느끼는 압박감은 보다 즉각적이다. 기업에게 뒤처진다는 것은 곧 실패를 의미하기 때문이다. 물론 이 스트레스는 다시 구성원 개인에게 분배된다. 회사는 전혀 관련도 없는 업무를 해온 직원들에게 4차 산업혁명 관련 기획서 따위를 요구한다. 4차 산업혁명이라는 단어 자체가 스트레스로 귀결된다.

변화는 위기이자 기회로 인식된다. 그런데 이런 생각은 변화가 주는 결과에만 주목한 것이다. 위기인지 기회인지는 개인이 변화에 잘 적응하는지 아닌지 결정하는 요소가 아니다. 잘 적응하면 따지고 보니 기회였고, 잘못 적응하면 결과적으로 위기였던 셈이다. 이런 분류는 변화를 목전에 둔 개인에게 전혀 유용하지 않다.

변화는 '압박감'과 '재미'로 인식하는 것이 더 타당하다. 변화는 스트레스를 유발한다. 이것은 부인할 수 없는 사실이다. 변화는 편안함과 안정과 반대쪽에 있는 일이다. 하지만 그게 다는 아니다. 변화 곁에는 '재미'가 있다. 당연히 변화와 재미가 완전히 같은 것은 아니다. 하지만 재미를 느끼는 것이 충분히 가능하고 또 필요하다. 이것은 단지 피할 수 없으면 즐기라는 식의 마인드 컨트롤을 의미하는 것이 절대로 아니다. 재미를 느끼면 사람들은 배우려고 한다. 차이는 여기서 만들어진다.

실제로 변화에 적응하는 가장 효과적인 방법이 재미를 느끼고 배우는 것이다. 어느 날 갑자기 TV를 켜기 위해 아무도 없는 집에서 혼자 말해야 된다고 생각해 보자. 입에서 쉽게 말이 떨어질까? 아무도 없는 집은 조용해야 편안하다. 혼잣말은 혼자 해야 자연스럽다. 그런 인생을 수십 년 살아 왔다. 그런데 TV를 켜기 위해 목소리로 명령을 하는 모습을 상상하고 있자니 솔직히 약간 부자연스럽게 느껴진다.

반면 아이들은 변화에 빨리 적응한다. 아니 사실 아이들에게는 변화가 아니다. 새로운 경험이다. 때때로 이미 생긴 습관을 바꾸기보다 새로 배우는 것이 쉽다. 아이들은 아무렇지 않게 기계에게 말을 걸며 재미를 느낀다. 이제 기계와 대화하는 것은 자연스러운 풍경이 될 것이다. 세대 차이는, 마치 변화에 따른 스트레스처럼 갑자기 느껴진다.

변화를 새로운 경험으로 여기고 재미를 느껴보자. 그러면 앞으로 다가올 변화를 생각하는 것도 흥미로운 일이 된다. 처음만 어렵지 금방 익숙해질 것이다. 계기는 금방 찾아오고 그걸 놓치지 않으면 된다. 리모컨이 어디 있는지 지독히 모르겠는 어느 날 처음 TV를 목소리로 켜게 된다. 그러면 신기술이 당신이 무안하지 않게 도와줄 것이다. 혼잣말이 혼잣말 같지 않도록 부드럽게 반응해 준다. 이제 곧 채널도 목소리로 바꾸고 끄는 것도 목소리로 끈다. 리모컨을 못 찾았기 때문이다. 그대로 쭉 리모컨을 찾아야 할 필요를 못 느낄지도 모른다.

참고문헌

II. 자율주행

1. 이기형·김혜란,《자율주행자동차 보험제도 연구》, 보험연구원, 2016
2. 송봉섭 외 2인, '자율주행자동차, 딥러닝 기술을 탑재하다', 〈융합연구리뷰〉 10월호, 2017
3. 황영배 외 1인, '자율주행을 위한 인공지능 기술 동향', 〈KEIT PD ISSUE REPORT〉 VOL 16-11, 한국산업기술평가관리원, 2016
4. 박종욱, '[2017 화물캠페인] 교통사고 줄이기 운동 〈2016년 화물차 사고 분석〉', 2017년 2월 10일, 〈교통신문〉, http://www.gyotongn.com/news/articleView.html?idxno=171796
5. Andrew Somers 외 1인, 'Automated Vehicles: Are We Ready?', 〈Government of Western Australia〉, January 2015
6. James Arbib & Tony Seba, 'Rethinking Transportation 2020-2030', 《A RethinkX Sector Disruption Report》, May 2017

III. 인공지능

1. 〈마이크로 소프트웨어〉 Vol. 387, IT조선, 2017
2. 김훈, '음성인식 방법과 카카오i의 음성형엔진', 〈카카오 AI 리포트〉 Vol. 6,

2017

3. Hilary Natoff, '헬스케어 산업의 무한한 성장잠재력', 〈21st Century Investment Themes〉, 피델리티 인터내셔널, 2013

4. 〈최윤섭의 Healthcare Innovation〉, http://www.yoonsupchoi.com/

5. 유태규, '구글헬스의 실패와 헬스디바이스(Health-Device)의 지향점', 2011년 11월 15일, 〈Meditimes〉, http://www.meditimes.net/news/articleView.html?idxno=591

6. Dom Galeon and Kristin Houser, 'Google's Artificial Intelligence Built an AI That Outperforms Any Made by Humans', December 1, 2017, 〈Futurism〉, https://futurism.com/google-artificial-intelligence-built-ai/

7. Jason Maderer, 'Jill Watson, Round Three', January 9, 2017, 〈Georgia Tech〉, https://www.news.gatech.edu/2017/01/09/jill-watson-round-three

IV. 빅데이터

1. 빅토르 마이어 쉰버거·케네스 쿠키어, 《빅 데이터가 만드는 세상》, 21세기북스, 2013

2. '디지털 경제는 왜 소수의 기업들이 지배하는가', 〈테크M〉 제53호, 2017

3. 안상욱, '페이스북, 사용자 상대로 '감정조작' 실험 논란', 2014년 6월 30일, 〈BLOTER〉, http://www.bloter.net/archives/197727

4. 백승호, '구글과 페이스북이 주도하는 인지자본주의가 고용과 복지를 와해시키고 있다. 기본소득이 대안일 수 있다', 다음세대 정책실험실 Policy Lab for Next Generation, 3월 7일, 〈Medium〉, https://medium.com/

lab2050/구글과-페이스북이-주도하는-인지자본주의가-고용과-복지를-
와해시키고-있다-기본소득이-대안일-수-있다-d06eb8c604d

5. '구글·페이스북 '데이터 독점' 규제해야 하나', 2017년 7월 17일, 〈한국경
제〉, http://news.hankyung.com/article/2017070731131

V. 사물인터넷

1. 커넥팅랩, 《사물인터넷》, 미래의창, 2014

2. 《제주 스마트그리드 실증사업 성과평가 및 상호운용성 확산방안 도출 용역
결과보고서》, 한국에너지기술연구원, 2014

3. 홍일선, '미국이 스마트 그리드에 주목하는 이유', 〈LG Business Insight〉,
LG경제연구원, 2009

4. 박형욱 외, '스마트 팩토리', 〈기계저널〉 Vol.57, No.8, 대한기계학회, 2017

5. 김승택, '스마트 팩토리의 성공적 도입을 위한 고려사항', 〈Deloitte Anjin
Review〉 No.7, Deloitte

6. '사물인터넷 보안 위협 동향', 〈Internet & Security Biweekly〉 Vol.5, 한국
인터넷진흥원, 2014

7. 김현제, '스마트그리드 소비자 반응 및 태도 조사', 〈에너지경제연구원 연구
정책세미나〉 2010권 0호, 2010

8. Junseong Lee, 'Comparison of Smart Grids Demonstration Projects
and Strategies in Major Leading Countries', 〈New & Renewable
Energy〉 Vol. 12, No. 2, 2016

VI. 블록체인

1. 데이비드 마이클스, 《청부과학》, 이마고, 2009
2. 돈 탭스콧 외 1인, 《블록체인 혁명》, 을유문화사, 2017
3. 'Hashed Report: 4월 23일, 중국에서 누군가가 쏘아올린 작은 트랜잭션', 2018년 4월 25일, 〈#HASHED POST〉, http://www.hashedpost.com/2018/04/hashed-report-4-23.html?m=1
4. 손요한, '비탈릭 부테린 "블록체인 본질은 '탈중앙화'…향후 효율성 높여야"', 2018년 4월 8일, 〈Platum〉, http://platum.kr/archives/98219
5. 김경민, '美 블록체인 기술의 응용현황과 전망', 2018년 2월 16일, 〈KOTRA 해외시장뉴스〉, https://news.kotra.or.kr/user/globalAllBbs/kotranews/album/2/globalBbsDataAllView.do?dataIdx=164817&searchNationCd=101001
6. 'From supply chain to equity: real-world uses of the blockchain today', August 28, 2018, 〈ComputerworldUK〉, https://www.computerworlduk.com/galleries/infrastructure/real-world-uses-of-blockchain-today-3656030/